Née dans le Poitou, Régine ... tions religieuses. Très tôt les ... Tour à tour libraire, relieu... ...aliste, réalisateur et écrivain, sa volonté de liberté d'expression lui vaut bien des déboires. Elle est en 68 la première femme éditeur, mais le premier ouvrage qui paraît, attribué à Aragon, est saisi 48 heures après la publication.

En 1974 elle publie un catalogue d'ouvrages anciens : Les Femmes avant 1960 *et, en 1975, ses entretiens avec l'auteur d'*Histoire d'O : O m'a dit. *En 1976 paraît son premier roman,* Blanche et Lucie, *l'histoire de sa grand-mère, suivi du* Cahier volé *puis en 1982,* Les Enfants de Blanche, La Bicyclette bleue, *prix des Maisons de la Presse 1983 et* Léa au pays des Dragons. *En 1983, la suite de* La Bicyclette bleue : 101 avenue Henri-Martin. *Première œuvre érotique,* Les Contes pervers *est écrite et réalisée au cinéma en 1980, avec succès. La même année, Régine Deforges publie* La Révolte des Nonnes, *roman historique.*

Je reste encore surprise d'avoir écrit un tel livre où il est question d'une famille qu'adolescente je détestais avec cette passion qu'apporte en toute chose l'être humain au seuil de l'âge adulte. Je jugeais la vie de ces oncles et tantes, de ces cousins et cousines, ennuyeuse et médiocre, leur esprit mesquin, leurs préjugés ridicules, leur piété, quand ils en avaient, hypocrite, leur modestie ignoble, leur sens du devoir démodé, leur culture inexistante, leur bonté nulle ou intéressée. Je n'éprouvais pas pour tous les membres de cette famille une antipathie aussi totale mais, avec le manque de nuance de la jeunesse, je les mettais tous dans le même panier.

Et puis, le temps a passé... Au fil des années, je les ai mieux écoutés. J'ai vu ce qu'il y avait de dignité dans la simplicité de leur vie, de désirs enfouis sous une apparente dureté, de peines sobrement endurées, d'amours bafouées ou méconnues, de courage face à l'adversité. J'ai eu honte de ma sottise passée. C'est peut-être pour cela que j'ai voulu les faire revivre enfants puis adolescents, à un moment où tout était possible, où les rêves pouvaient devenir réalité, avant que l'engrenage d'une société dure aux faibles et aux tendres ne les transforme et ne les écrase.

(Suite au verso).

La vie dans une petite ville de province au début du siècle n'était pas facile pour une famille nombreuse. Grâce à leur amour, Léon et Blanche parvinrent à surmonter les épreuves et les difficultés. C'est l'histoire de cet amour, dont je suis sortie, que j'ai voulu tirer de l'oubli : celle d'une époque où le temps se déroulait lentement au fil des heures marquées par le carillon des clochers.

R.D.

Paru dans Le Livre de Poche :

RÉGINE DEFORGES

Les Enfants de Blanche

ROMAN

FAYARD

A Léon et à Blanche,

à mes oncles et à mes tantes,

à ma mère.

Familles, je vous hais !

ANDRÉ GIDE

I

Blanche et René se marièrent le même jour.

De mémoire de Vierzonnais, on n'avait jamais vu ça : un frère et une sœur descendre ensemble les marches de l'église. Tout le monde savait que cela portait malheur. Mais l'amour de Blanche pour son frère René était si grand qu'elle avait fait fi de toute superstition. Et c'est le cœur débordant de joie qu'au bras de Léon, son mari, elle était sortie de l'église en prenant bien garde, toutefois, de ne pas être en avant de sa jolie belle-sœur, car il ne fallait quand même pas tenter le sort.

Rien de plus gracieux que ces deux jeunes épousées chacune amoureusement accrochée au bras de l'homme qu'elle avait choisi. Ce fut aussi l'avis de la foule qui, massée sur le parvis de l'église, cria d'une voix unanime :

« Vive les mariés !... Vive les mariés !... »

Emilia, qui venait d'avoir dix-huit ans, était ravissante, enveloppée de dentelles blanches, son front lisse couronné de fleurs d'oranger, le visage rose de plaisir levé vers René avec un regard de félicité enfantine. René, beau garçon très mince, le teint pâle, la contemplait avec cette satisfaction un peu niaise de l'époux comblé.

Bien différent était l'autre couple : Blanche, vêtue de satin, toute concentrée sur son amour qui lui donnait un air grave, un peu mélancolique, s'appuyait d'une main timide sur cet homme à peine plus grand qu'elle, au front déjà dégarni, au fin visage qu'animaient deux yeux sombres et intelligents.

Il devait se dégager de ces quatre jeunes gens tant de bonheur, tant de confiance en l'avenir, que les bravos de la foule massée sur le parvis éclatèrent avec plus de force que d'habitude, à les regarder descendre les marches de l'église et prendre place dans deux calèches découvertes ornées de verdures et de fleurs blanches. Les cochers, cocardes à la boutonnière et au chapeau, firent claquer leurs fouets enrubannés. Les chevaux blancs au front orné de feuilles de vigne partirent sous les hourras, suivis par les enfants qui sautaient en criant, tandis que le reste de la noce prenait place dans divers véhicules découverts.

Le cortège traversa la ville. Sur les trottoirs, les passants s'arrêtaient, applaudissant, commentant les toilettes, comptant les voitures et, satisfaits du spectacle donné, acclamaient de plus belle. Ah ! c'était un beau mariage !

On passa par l'interminable rue des Ponts. Le chaud soleil d'août faisait miroiter l'eau immobile du canal. Plus loin, la chaleur aidant, montait d'un bras du Cher l'odeur sure de la vase, mélangée à celle des algues fleuries. Après le troisième pont, on tourna à gauche le long de l'eau. On suivit la route poudreuse qui épousait chacun des méandres de la rivière à demi asséchée. Les dames avaient ouvert leurs ombrelles et agitaient leurs mouchoirs pour chasser la poussière du chemin. C'était maintenant la campagne. On traversa un petit bois à la sortie duquel on s'arrêta devant une auberge, basse construction de brique aux fenêtres étroites, garnies de rideaux à carreaux rouge et blanc relevés par un cordon.

Léon prit la taille fine de Blanche entre ses mains pour l'aider à descendre. A ce contact, la jeune femme rougit. René s'empressa de faire de même, mais l'exubérante Emilia se jeta dans ses bras avec une telle fougue qu'ils manquèrent de tomber. René ne dut qu'à sa grande force de ne pas perdre l'équilibre et déposa sa femme saine et sauve auprès de sa sœur. Les deux belles-sœurs s'embrassèrent et se dirigèrent vers l'auberge en se tenant par la taille, soulevant gracieusement la traîne de leur robe. Les beaux-frères se congratulèrent sous les exclamations des invités.

Bientôt, ce coin, si tranquille quelques instants auparavant, retentit de cris et de rires. Les plats succédaient aux plats, le vin rouge au vin blanc, les liqueurs au café, un brouhaha grandissant envahissait la salle, donnant à Blanche la migraine. Trop émue, elle avait à peine touché aux mets généreux, malgré les tendres reproches de Léon et les injonctions d'Emilia qui se servait avec gourmandise sous les regards admiratifs de René, lui-même gros mangeur. Les visages colorés brillaient, les gilets se déboutonnaient, les cols se desserraient, les corsets se délaçaient avec discrétion. Ceux et celles qui étaient réputés bons chanteurs chantèrent. On insista pour entendre Léon, qui avait une belle voix de baryton. Malgré sa timidité, il s'exécuta avec une bonne grâce qui lui valut les applaudissements anticipés de l'assistance. Dans un silence flatteur, il entonna d'un air pénétré *Mignon*. Puis, devant l'enthousiasme de son public, il interpréta *Les Millions d'Arlequin*, ce qui lui valut un triple ban mené par René. Il se rassit près de Blanche, qui posa sa main sur la sienne; d'une légère pression, elle lui dit toute son admiration. Lentement, il porta cette main à ses lèvres.

Blanche trouvait le repas interminable. Enfin, on vint annoncer que l'orchestre était arrivé et que le bal allait pouvoir commencer. La jeunesse, qui avait un peu souffert de la durée du banquet, accueillit cette nouvelle par des cris de joie.

Au son d'une valse, les époux ouvrirent le bal. Emilia, rose et éclatante, s'envola dans un tourbillon de dentelles, tandis que Blanche, si belle, si longue, si mince dans sa robe de satin, glissait dans les bras de Léon. Ensuite elle regarda, attendrie, son frère danser avec leur mère, l'infidèle, l'absente, l'amoureuse Louise, ravissante et si jeune encore dans sa robe gris pâle. Un mouvement de jalousie pinça son cœur quand, à son tour, Léon la fit valser. Monsieur G., l'époux de sa mère, l'homme pour qui Louise les avait abandonnés enfants, son frère et elle, s'inclina pour l'inviter. Le temps avait passé, elle s'était prise d'affection pour cet homme intelligent, timide et bon. Tout en dansant, elle lui sourit, et lui, heureux d'être enfin accepté par cette fille farouche et fière, serra longuement sa main.

La musique s'arrêta, puis reprit, endiablée : c'était une scottish. Blanche n'eut pas le temps de se reposer, René l'enlaça et ils tournoyèrent autour de la salle sous les applaudissements. Quand la musique cessa, ils se laissèrent tomber sur le premier siège venu, trop essoufflés pour parler. René épongea son beau visage devenu rouge avec un grand mouchoir de fil, tandis que Blanche, les joues à peine rosies, tapotait son front et ses lèvres d'un minuscule carré de batiste.

Léon s'approcha de sa femme et l'emmena respirer l'air frais de la fin de l'après-midi. Ils marchèrent en silence l'un près de l'autre et entrèrent dans le bois. Au bruit et à la chaleur de la fête succédèrent le silence habité du sous-bois et sa fraîcheur parfumée. Ils s'assirent sur un banc de mousse et se regardèrent tandis que montait en eux un bonheur grandissant. Léon prit les mains de Blanche et baisa un à un les longs doigts qui s'abandonnaient. Des larmes montèrent aux yeux de la jeune femme. Il s'en aperçut et alla les boire à leur source. Peu à peu ses lèvres descendirent, caressèrent les joues, les oreilles petites, le cou si mince qu'une seule de ses mains en faisait le tour, puis remontèrent jusqu'à la bouche pâle qui s'entrouvrit pour mieux recevoir le baiser. Longtemps ils restèrent ainsi, attentifs au merveilleux plaisir qui, par vagues, envahissait leurs corps et leur arrachait des gémissements. Blanche la première, se détacha, les yeux brillants, les joues rouges, les lèvres humides, légèrement décoiffée. « Viens, partons », dit-elle en tirant son mari par la main.

Ils croisèrent Emilia et René qui allongés au milieu des fougères, tout à leur étreinte, ne remarquèrent pas leur présence. Ils ralentirent en souriant, complices.

« La robe d'Emilia va être froissée », murmura Léon à l'oreille de sa femme.

Sans qu'elle sût pourquoi, à ces mots pourtant anodins Blanche éprouva un grand trouble. Elle eut beaucoup de mal à détourner son regard de la jambe gainée de soie qui enlaçait celle de René.

Ils rentrèrent en courant dans l'auberge. Blanche monta dans une chambre mise à leur disposition et retira sa robe de mariée pour revêtir une tenue de voyage. A ce moment, sa mère entra et regarda cette jeune personne qu'elle connaissait si mal et qui était son enfant. Louise se souvint que le jour de ses propres noces, sa mère lui avait fait certaines recommandations, donné certains conseils. Devait-elle faire de même avec cette fille secrète qu'elle devinait toujours hostile ?

« Vous partez ? Mais qui dégrafera ton corset ? »

C'était tout ce que, dans son trouble, elle trouvait à dire. Elle rougit de la trivialité de l'image et rougit davantage en entendant la réponse :

« Ne vous inquiétez pas, maman, ce sera Léon qui me l'ôtera. »

A son tour, se rendant compte de l'audace de sa

réplique, Blanche rougit. Leur gêne, l'émotion de ce jour, aussi, firent qu'elles eurent un geste d'une spontanéité inattendue de leur part : elles se jetèrent dans les bras l'une de l'autre.

Ce fut là toute l'éducation sexuelle de Blanche.

II

Blanche et Léon s'installèrent à Châteauroux, au deuxième étage de la maison habitée par les parents du jeune homme. La chambre à coucher était la seule pièce convenablement meublée de leur logement, grâce à la générosité de Louise. Blanche était fière du grand lit de bois sculpté, si haut qu'elle devait utiliser, pour y monter, un tabouret bas recouvert d'une tapisserie représentant un bouquet de roses. L'imposante armoire à glace la ravissait et son contenu plus encore : piles de draps neufs, de nappes damassées, serviettes, linges de toilette soigneusement repassés et dégageant cette odeur de violette qu'elle aimait tant et qui devait l'accompagner toute sa vie. Les deux tables de chevet au dessus de marbre blanc étaient bien pratiques et les deux fauteuils à haut dossier, entourant la table ovale recouverte d'un tapis, bien confortables. Le soir avant de se coucher, sous la lumière de la lampe, les jeunes époux aimaient s'y asseoir afin de parler à voix basse des menus faits de la journée : Léon disait son espoir d'être promu prochainement chef de rayon aux Galeries berrichonnes, ce qui serait justice, car personne ne connaissait les tissus et leurs différentes qualités mieux que lui. Blanche, de sa voix douce, racontait sa journée passée à monter et descendre de lourdes pièces

15

de soie, de satin ou de drap dans le magasin de l'acariâ-
tre Madame B.

« Bientôt tu ne travailleras plus, tu resteras à la
maison. »

Blanche souriait et, raisonnable, disait :

« Comment ferions-nous, mon bon, nous avons si
peu d'argent ? »

Il lui disait que cela n'était pas important, puisqu'ils
s'aimaient. Il l'enlevait dans ses bras et la déposait sur
le grand lit, malgré ses cris :

« Non... Non... Léon, arrête ! »

C'est un soir d'hiver, assis dans leurs fauteuils, face à
la cheminée où brûlait un feu clair, qu'elle lui dit en lui
prenant la main, sans le regarder :

« Mon ami, nous allons avoir un enfant. »

Le cœur de Léon s'arrêta dans sa poitrine et, durant
un court instant, il fut trop ému pour pouvoir parler. Il
glissa à ses pieds et posa sa tête sur les genoux de la
future mère.

« Un enfant ! Un enfant de toi ! »

Geneviève-Louise naquit le 28 juin 1898. C'était une
belle petite fille potelée, au joli visage rond, au crâne
recouvert d'un fin duvet blond qui, peu à peu, se trans-
forma en boucles dorées.

Deux ans plus tard, le 19 octobre, naissait une autre
fille : Thérèse-Emilia, qui, elle, ressemblait à un chat
écorché.

Depuis la naissance de sa première fille, Blanche ne
travaillait plus et avait du mal à joindre les deux bouts.
Mais Léon visitait le dimanche les fermes des environs
avec une carriole remplie de coupons de tissus qu'il
revendait aux paysans, ce qui lui permettait d'offrir à
sa femme des fleurs ou des plumes pour agrémenter
ses chapeaux, sa seule mais grande coquetterie.

Blanche attendait un nouvel enfant quand Léon vint lui annoncer qu'ils quittaient Châteauroux et allaient s'installer à Montmorillon, où ils ouvriraient dans la rue principale un magasin, un bazar dont ils seraient les gérants. Grande fut la joie de Blanche, qui se sentait à l'étroit dans le petit appartement et qui supportait de plus en plus difficilement la présence de ses beaux-parents et leurs conseils sur l'éducation des enfants. Sa belle-mère, qui avait eu sept fils, ne comprenait rien à la sensibilité des filles. Souvent, les deux petites quittaient leur grand-mère en pleurant. La minuscule Thérèse disait en donnant des coups de pieds dans les meubles :

« Veux plus la voir, est trop méchante ! »

A quoi Geneviève, raisonnable du haut de ses quatre ans, répondait :

« L'est pas méchante, elle sait pas. »

Quand la famille quitta Chateauroux, le seul souvenir de la maison que garda Geneviève fut celui de l'escalier faiblement éclairé par une veilleuse rouge, qu'elle refusait de descendre sans le secours dc son cousin Georges, un peu plus âgé qu'elle, élevé par leur grand-mère, et qui, plusieurs fois par jour et jusqu'à leur départ, avait pris le pli de monter chercher sa peureuse cousine.

Quand ils arrivèrent à Montmorillon, ne connaissant personne, ils s'installèrent dans un petit hôtel de la place du champ de foire en attendant que les travaux d'aménagement de leur nouveau logement fussent terminés.

Blanche avait bien du mal à maintenir en place les deux petites, surtout Thérèse, qui s'échappait à la moindre occasion. Ce fut pourtant grâce à ce tempérament expansif qu'ils firent la connaissance des quelques personnes chez qui la fillette se faufilait au mépris des convenances.

Enfin le logement fut terminé, le mobilier livré, les caisses ouvertes. Durant plusieurs jours régna une activité fébrile dans la Grand'Rue, tant dans le nouveau magasin que venaient admirer les habitants de la petite ville que dans l'appartement du dessus, où une élégante et belle femme enceinte s'affairait, aidée par une petite bonne. Thérèse profita de ce remue-ménage pour se faire de nouvelles relations. Une surtout, qui, par la suite, allait s'avérer importante, sinon encombrante : une femme encore jeune, mais paraissant sans âge, qui tenait une boutique de modiste en face du nouveau bazar et vivait avec ses parents. Elle se nommait Albertine B., mais pour tout le monde, elle était Titine ou La Titine.

C'est assise sur le trottoir, les pieds dans le caniveau, le ruban de ses cheveux défait, les mains et les genoux sales, les poches de son tablier pleines de trésors — toupie cassée, billes, bouts de ficelle dorée, image pieuse abîmée, vieux morceaux de pain d'épice, cailloux aux jolies formes et chiffon autrefois mouchoir —, que Thérèse lia connaissance avec Titine. Titine n'était pas belle, elle avait de grands pieds, une allure ridicule et, surtout, elle n'était pas très propre. Pour faire gonfler ses maigres cheveux d'une triste et indéfinie couleur, elle mettait des sorte de bourrelets qui menaçaient toujours de tomber. Le dimanche, pour faire honneur au Seigneur, sans doute, elle rajoutait des boucles de faux cheveux sur son front et recouvrait le tout d'un chapeau de sa fabrication. Comment faisait-elle, elle dont c'était le métier, pour avoir toujours des chapeaux qui semblaient sortir de l'arrière-boutique d'un fripier ?

Quoi qu'il en soit, elle et Thérèse se lièrent d'amitié et, très vite, Titine devint l'amie intime de la maison.

Quand tout fut terminé, appartement et magasin, Blanche accoucha d'une troisième fille, le 3 août 1902, que l'on prénomma Marguerite-Camille. Le bébé était si petit qu'on crut un moment qu'il ne vivrait pas. Des nuits durant, malgré sa fatigue, Blanche berça sa fille qui criait dès qu'elle la reposait dans son berceau. Lentement, Marguerite, que ses sœurs appelèrent Gogo, s'habitua à l'existence.

Peu à peu, Blanche et Léon furent adoptés par leurs voisins, estimés par leurs clients, respectés par les autres commerçants qui n'avaient pas vu d'un très bon œil s'installer les nouveaux venus. Mais la bonté, la serviabilité, le sérieux et la gaieté de Monsieur P. lui gagnèrent tous les cœurs. Pas une association, sportive, musicale, de bonnes œuvres, religieuses ou non, qui ne fît appel à ses services. On était plus réservé vis-à-vis de la belle Madame P., sobrement élégante. Presque toujours vêtue de noir en hiver, l'été, elle portait des chemisiers de satin bleu pâle ou blanc et des corsages noirs garnis d'entre-deux de dentelle à col montant maintenu par des baleines, et toujours une jupe de drap noir. On admirait son fier et fin visage encadré par les bandeaux de ses cheveux blonds que le temps fonçait doucement. On critiquait un peu ses trop nombreux chapeaux, mais c'était là sa seule coquetterie. On la croyait froide et distante, alors qu'elle n'était que timide et surtout trop occupée par ses enfants, sa maison et la tenue des comptes du magasin.

Tout son goût pour la toilette s'était reporté sur celle de ses filles. Rien de plus ravissant, le dimanche, que de voir Madame P. donnant la main aux plus petites tandis que la plus grande marchait devant elle d'un air sérieux, portant le missel de cuir à tranche dorée de sa mère. Toutes raides dans leurs robes blanches empesées, la tête fièrement relevée sous l'encombrant chapeau de paille garni de fleurs, ou la charlotte de piqué blanc dont les arceaux de métal leur entraient parfois dans la tête, les demoiselles P. se rendaient à la messe avec plaisir, ennui ou indifférence, selon leur caractère.

Geneviève, l'aînée, était apparemment la plus douce, la plus calme, la plus secrète aussi. Elle restait de longues heures à jouer avec sa grande poupée Jacqueline, dont la tête de porcelaine était si jolie. Têtue, à six ans elle refusait d'aller à l'école; indulgent, son père disait : « Laissons-la, on verra plus tard. » Séduisante et coquette, elle avait déjà deux petits amoureux qui se disputaient ses faveurs : André B. et Paul Q., de deux ans plus âgés qu'elle et dont les parents, également commerçants, étaient aussi leurs voisins. Paul se mettait toujours en tête de l'embrasser, mais elle ne voulait pas. Un jour, André dit à son camarade :

« Si je lui demande, je suis sûr qu'elle voudra bien m'embrasser, moi. »

Et la petite fille s'était jetée à son cou en disant :

« Oh! oui, je veux bien, je t'aime, toi. »

Cela n'avait pas été du goût de Paul, qui s'était précipité sur son rival. Les deux gamins s'étaient roués de coups. Léon, alerté par les cris et les pleurs de Geneviève, était accouru et avait séparé les combattants dont l'un avait l'œil à demi fermé et l'autre le nez en sang. De ce moment naquit entre les trois enfants une relation ambiguë dont la fillette était le centre adoré, tandis qu'elle, tout en ménageant la susceptibilité de Paul, s'éprenait chaque jour davantage d'André.

Thérèse, c'était l'exubérance, le rire, le gaieté perpétuelle. Tout était jeu pour la petite fille dont les grands yeux noirs mangeaient le visage. Impossible de la faire tenir en place. Le dimanche était pour elle un jour de supplice, quelquefois elle s'endormait à la messe. Et ces belles robes qu'il ne fallait pas salir! Et ces promenades sur la place Saint-Martial, les jours de musique où la famille en grand apparat s'arrêtait pour saluer une connaissance, reprenait son chemin pour s'arrêter un peu plus loin! L'on faisait ainsi plusieurs fois le tour de la place plantée de tilleuls. Et ce silence qu'il fallait observer quand les cuivres éclataient! Pourtant, avec tout ce boucan, on aurait bien pu la laisser courir entre les jambes des spectateurs qui prenaient des airs entendus de connaisseurs. Mais non, il ne fallait pas bouger, heureusement qu'il y avait la main de papa pour la retenir! Pour rien au monde, elle n'eût voulu faire de la peine à ce père qu'elle adorait et qui racontait si bien de belles histoires pleines d'ogres et de loups, de princesses endormies, de princes charmants, de fées et de sorcières. Le conte qu'elle et ses sœurs préféraient était *Barbe-Bleue*. Quand Léon s'écriait de sa belle voix, accentuant chaque syllabe : « *Descendras-tu, femme, descendras-tu...* » les trois fillettes s'enfonçaient sous leurs draps.

Gogo, elle, était toute « chacrote », comme disaient les vieilles femmes, mais quel feu, quelle intelligence au fond de ses yeux clairs qui rendaient si joli son petit visage de fouine! Elle ne voulait jamais quitter sa mère, la suivait partout, accrochée à son long tablier dans les poches duquel elle trouvait toujours un bonbon pour se consoler d'une bouderie de Geneviève ou d'un coup de Thérèse. C'était une enfant silencieuse, qui observait attentivement les gestes de chacun.

En rentrant de la messe, elles allaient embrasser les parents de Titine qu'elles appelaient pépé et mémé. Le pépé, paralysé, assis dans son fauteuil roulant, les intimidait un peu, mais les gâteaux de la mémé chassaient vite cette gêne.

A la maison, elles retiraient enfin leurs belles robes blanches — qu'elles remettraient pour les vêpres et la promenade — et enfilaient celles du jeudi, sur lesquelles elles mettaient de jolis tabliers blancs avec un col à volant et une ceinture à gros nœud. Si le temps le permettait, elles se sauvaient dans le jardin derrière le magasin. Ce jardin, entouré de hauts murs, était l'objet de tous les soins de Léon. Au milieu, un grand sapin qu'on appelait, allez savoir pourquoi, un if; puis de nombreux rosiers protégés de petites bordures de buis taillé, des arums, des lis, des pivoines, des dahlias, des chrysanthèmes, des touffes de violettes, de pensées, d'œillets blancs au parfum poivré, et bien d'autres fleurs encore, le tout poussant dans un heureux désordre. Il y avait aussi un noisetier dans le fond et un arbuste qui fleurissait au moment de Pâques : il donnait de grandes fleurs d'une belle couleur pourpre dont le cœur représentait la couronne d'épines, la croix, les clous et le marteau de la passion du Christ. On appelait ces fleurs, les fleurs de la Passion. Sous le sapin, il y avait une fausse grotte abritant une statue de Mercure auquel manquaient les ailes. Cette grotte allait devenir le centre du jardin quand les petites filles vinrent y installer la crèche, la Vierge, le Sacré-Cœur ou Saint-Joseph, au gré du calendrier religieux.

Bien que non pratiquant et n'allant jamais à l'église, Léon exigeait que ses enfants eussent une éducation religieuse poussée et ne tolérait pas qu'ils manquassent un office. Toutes ses filles furent élevées à l'institution Saint-M. et furent toutes enfants de Marie. Les garçons qui devaient venir plus tard allèrent à l'école laïque, mais apprirent le catéchisme et servirent la messe.

Un nouveau bébé s'annonçait. O joie! ce fut justement un garçon que l'on prénomma Jean-Pierre! Les petites filles, émerveillées, se penchaient sans cesse sur son berceau, le trouvant petit, mais petit! Si petit qu'il n'y avait pas de bonnet à sa taille et qu'on avait pris celui de la poupée de Thérèse. Qu'il était mignon avec ce minuscule bonnet de tulle!

« On dirait le petit Jésus », dit Geneviève en joignant les mains.

Léon était très fier de ce premier fils et en remerciait sans cesse Blanche par de menus cadeaux, de gentilles attentions. Hélas! au bout de dix jours, l'enfant mourut.

Le chagrin de Blanche fut tel que l'on craignit pour sa raison. Elle regardait avec des yeux de haine l'archiprêtre, Titine et les gens bien intentionnés qui lui disaient, la sachant pieuse :

« C'est un ange qui prie pour vous au Ciel.

— Il est plus heureux là-haut qu'ici-bas.

— Dieu vous envoie cette épreuve pour vous fortifier dans son amour. »

Blanche n'en voulait pas, de cet amour-là, de ce Dieu qui prend vos enfants, de ce ciel où elle n'était pas. Ce qu'elle voulait, c'était tenir son petit garçon contre elle, sentir la tendre bouche pendue à son sein, le renifler comme la chienne ses petits. C'était le voir vivant, bon Dieu, ils ne pouvaient pas comprendre ça, ces curés enjôleurs, ces grenouilles de bénitiers ! *Vivant*...

On vit cette femme si calme, si convenable, courir en cheveux vers la tombe de son enfant d'où la ramenait en pleurant Léon, aussi atteint qu'elle, mais qui trouvait dans son amour la force de lui dissimuler sa douleur.

Gogo à son tour fut malade : cela sauva Blanche. Je soupçonne cette petite fille si attachée à sa mère d'être tombée volontairement malade, non seulement pour que celle-ci s'occupe à nouveau d'elle, mais parce qu'elle avait compris, avec l'instinct sûr de ceux qui aiment, que c'était le meilleur moyen d'arracher sa mère à l'univers de la mort. Et la vie triompha. Gogo guérit et Blanche sembla retrouver son entrain. Par moments, cependant, l'on voyait son regard basculer à l'intérieur d'elle-même, ses joues pâlir et son front se couvrir de sueur, tandis que ses mains se portaient à son cœur.

Tous les jeudis, Blanche habillait ses filles et disait :

« Aujourd'hui, on va se promener à la campagne. »

Ce jour-là, les enfants mettaient la petite tenue du jeudi, pas aussi élégante que celle du dimanche ou des grandes fêtes, mais plus jolie que celle de tous les jours. Elles s'en allaient joyeuses à l'idée de courir dans les champs, mais, invariablement, se retrouvaient sur la route du cimetière, et Blanche disait, comme étonnée :

« Tiens, on n'est pas loin du cimetière, on va aller dire bonjour au petit frère. »

Les deux aînées se regardaient et soupiraient, d'un air de dire :

« Je te l'avais bien dit. »

Seule Gogo était contente de se retrouver là, elle estimait que c'était joli, toutes ces chapelles, ces couronnes, ces fleurs, cette petite tombe toute blanche. Comme ses sœurs, elle ramassait en cachette, car on disait que cela portait malheur, des fleurs de perles mauves, blanches, grises ou noires, tombées des croix ou des couronnes abandonnées. Elle regardait sa mère parler au petit frère et, comme elle, mettait son visage entre ses mains. Un jour, la tirant par la robe, elle lui demanda :

« Puis-je écrire au petit frère ?

— Bien sûr », dit Blanche attendrie en lui caressant la joue.

En rentrant à la maison, elle écrivit sa lettre, aidée par la bonne Marie-Louise : « A mon petit frère, au Ciel. » Ce n'était pas bien long, mais elle n'avait que quatre ans et ne savait pas encore écrire. Le jeudi suivant, elle mit sa lettre sur la couronne de perles blanches. Quand elle revint, une semaine plus tard, la lettre avait disparu et la petite fille fut bien contente que le bébé Jean-Pierre l'eût reçue.

Enfin Geneviève accepta d'aller en classe, puisque Thérèse y allait aussi. On les conduisait à l'école tenue par les sœurs de la Sagesse, dans la ville haute. Chaque jour, elles devaient monter, en compagnie de la bonne, la rude côte du Brouard. Marie-Louise s'arrêtait tous les dix pas, soufflant, se tenant les côtes.

« Tu n'as qu'à nous laisser en bas, disait Geneviève.

– C'est point possible, que dirait monsieur votre père ? »

Elle reprenait la montée et ne laissait les enfants qu'entre les mains des sœurs toutes de gris vêtues.

C'est sœur Georges qui s'occupait de Geneviève, considérée, bien que ne sachant pas lire, comme une grande. Elle apprit très vite et se plongea avec délices dans l'Histoire sainte.

Pour Thérèse, ce fut sœur Hyacinthe, maîtresse des petits. Sans les autres enfants et les récréations, Thérèse ne serait pas restée une minute à l'école, car elle n'aimait pas ça, mais pas du tout. Elle apprit à lire parce qu'il fallait bien, et pour avoir la paix. Quant à faire des bâtons et à former des lettres, cela requit beaucoup plus de temps. Elle souffrait si visiblement de devoir rester assise que la bonne sœur Hyacinthe l'envoyait faire de menues commissions dans les autres classes, ce qui permettait à Thérèse de passer la journée sans trop d'impatience.

Le soir, elles restaient à l'étude, mais là on pouvait faire ce qu'on voulait. Quand Marie-Louise avait du retard, elles attendaient à la porterie en compagnie de Mademoiselle Rose, qui repassait les robes des enfants de chœur.

Geneviève, plus sauvage, fut longue à se faire des amies ; elle n'osait pas aborder les enfants, tant sa peur d'être repoussée était grande. Elle se lia cependant avec Jeanne G., une petite fille dont les parents tenaient un magasin de tissus. Elles devinrent très vite inséparables. Bavardes l'une et l'autre, elles se faisaient souvent punir par sœur Georges qui leur donnait des lignes ou les mettait au coin. Un jour que, pendant une récréation, elles commentaient une nouvelle punition, Jeanne s'écria :

« Sœur Georges, je la déteste, je voudrais qu'elle fasse une bonne maladie et qu'on ne la retrouve pas quand on reviendra au mois d'octobre. »

Et, pour ne pas demeurer en reste, Geneviève avait dit :

« Eh bien, moi, je voudrais qu'elle soit morte. »

Hélas ! cette importante conversation avait été entendue ! En rentrant en classe, sœur Georges les fit venir près de son bureau et leur demanda :

« Qu'avez-vous fait pendant la récréation ?

— Je me suis amusée avec Jeanne,

— Alors, qu'avez-vous fait toutes deux ? Vous avez bavardé ? Qu'avez-vous dit ? »

Le cœur des fillettes s'arrêta de battre, il fallait avouer : ce serait péché que de mentir. Geneviève, plus courageuse, balbutia :

« J'ai dit que je voudrais que vous soyez morte. »

Sœur Georges ne tint pas compte de cette franchise et, en colère, leur dit :

« Vous allez rester ici toutes les deux, vous me copierez deux cents fois : Je suis une malhonnête, je suis une malhonnête. »

Les petites se regardèrent, un peu surprises de s'en tirer à si bon compte et de ne pas être conduites au bureau de la directrice. La religieuse les laissa, fermant la porte à clef derrière elle.

Elles avaient fini leurs lignes depuis longtemps, et doucement la nuit était tombée. Dans les classes sans lumière, il faisait de plus en plus sombre. La porte restait obstinément fermée. Elles se serrèrent l'une contre l'autre et appelèrent. Personne. Jeanne se mit à pleurer en disant :

« On nous a oubliées, on va y passer la nuit. »

Geneviève essaya de consoler son amie :

« Ne pleure pas, je vais sauter par la fenêtre.

— Tu ne pourras pas, c'est trop haut, tu vas te casser une jambe. »

Enfin des bruits de voix, la clef qui tourne dans la serrure, de la lumière.

« Geneviève...

— Jeanne...

— Papa ! » crièrent ensemble les petites en se jetant dans les bras de leurs pères. Ceux-ci les emportèrent en lançant des regards courroucés à sœur Georges, qui avait perdu sa superbe.

Voici ce qui c'était passé : à l'heure habituelle, Marie-Louise était venue les chercher, on lui avait dit que Geneviève était punie et rentrerait avec Jeanne G. Les parents ne s'étaient donc pas inquiétés et avaient fait prévenir M. et Mme G. Mais à la nuit tombée, ils commencèrent à trouver que la punition était bien longue et se rassurèrent en se disant que Geneviève était chez Jeanne, pendant que les autres parents faisaient le raisonnement inverse. Vers neuf heures du soir, les pères affolés se retrouvèrent sur le seuil de leur maison.

« Ma fille n'est pas chez vous ?

— Et la mienne ? »

En courant, ils montèrent jusqu'à l'école d'où ils tirèrent, avec beaucoup de mal, les religieuses de leur sommeil. Sœur Georges avait tout simplement oublié les enfants.

On parla longtemps de cette histoire. Plus jamais les petites filles ne souhaitèrent la mort de quelqu'un et, pour être complètement absoutes de ce vilain péché, elles allèrent se confesser. De son côté, plus jamais sœur Georges ne leur infligea de lignes.

Chaque fois qu'elles le pouvaient, les petites filles s'échappaient pour aller jouer dans la rue et retrouver les autres gamins et gamines du quartier. C'étaient des poursuites de la boutique du grainetier à celle du quincaillier, de la librairie à la mercerie. Les jours de pluie, elles s'asseyaient sur le bord du trottoir et faisaient naviguer de petits bateaux de papier que leur confectionnait, dans de vieilles factures, Monsieur Georges, le libraire. Que de cris, de rires, de bousculades dans l'attente de savoir laquelle de ces minuscules embarcations allait gagner la course! Chaque naufrage, au bas de la rue, était salué par des hurlements tels que les parents se précipitaient à la porte de leur magasin ou à leur fenêtre, obligeant les enfants à rentrer. Quelquefois Titine intervenait et les poussait dans sa boutique de modiste, où les ouvrières les séchaient, où la mémé leur donnait un bol de lait avec de la « goutte » pour chasser le mal, disait-elle.

Un des grands plaisirs des trois sœurs était d'aller écouter les chanteurs des rues qui revenaient avec la belle saison. C'était d'abord les vocalises de l'accordéon ou les crincrins du violon qui annonçaient leur arrivée. Certains restaient plusieurs jours, comme ce couple jeune et sympathique qui venait chaque année à la même époque : ils jouaient tous deux du violon et la femme avait une très jolie voix. Ils avaient trois petites filles de l'âge de celles de Blanche, toujours bien habillées, très propres. Les mères des enfants sales, aux vêtements déchirés, les citaient en exemple. Les fillettes, assises sur le bord du trottoir ou sur les marches d'un café, attendaient sagement la fin du tour de chant de leurs parents. A la dernière chanson, elles se levaient et faisaient la quête. Personne dans l'assistance ne refusait son obole et Geneviève, Thérèse et Gogo déposaient dans les bourses usagées que leur présentaient les enfants la pièce que Blanche leur avait remise dès que les premiers accords s'étaient fait entendre. A leur deuxième passage à Montmorillon, Thérèse avait engagé la conversation avec les « vagabondes », comme elle disait, malgré l'interdiction de Blanche de les nommer ainsi. D'année en année, son admiration pour eux avait grandi. Elle rêvait de les suivre, de partir sur les routes, de ville en ville, et surtout, comme elles, de ne pas aller à l'école. Car les petites filles, tout comme leurs parents, ne savaient ni lire ni écrire.

Se déguiser tenait aussi une grande place dans les jeux des enfants. On fouillait dans les malles du grenier ou dans les armoires de la chambre de réserve pour y trouver des jupons rapiécés, de vieilles robes démodées, des chapeaux défraîchis, des châles mités, des bottines percées. Quand Blanche acceptait de prêter une blouse, une tournure ou un tapis de table, c'était la joie. Les gosses du voisinage apportaient aussi leurs trésors et le jour où Titine donna un long voile de tulle déchiré, ce fut du délire. Mais laquelle des petites filles serait la mariée? Toutes voulaient l'être. On menaçait de se battre. Les cris alertèrent Léon, qui monta jusqu'au grenier et calma tout le monde en proposant de tirer à la courte paille. D'une caisse ayant contenu des porcelaines, le père prit autant de brins de paille qu'il y avait d'enfants, il en coupa un nettement plus court que les autres, en fit un bouquet d'égale hauteur qu'il leur présenta. Avec quel sérieux chacun choisit son brin! Ce fut Geneviève qui gagna. La jolie fillette devint rose de plaisir et s'habilla avec recueillement. Un jupon ravaudé mais garni de volants fit une robe très présentable, agrémentée d'un long boa jauni qui perdait ses plumes. Le moment le plus solennel fut celui où Blanche, aidée par Titine, posa sur les boucles blondes le voile prestigieux sur lequel la modiste ajusta une couronne de fleurs d'oranger qui avait passé de longs mois dans la vitrine. Les deux femmes reculèrent pour mieux admirer le résultat.

« Une vraie petite mariée! » s'exclama la vieille fille en soufflant bruyamment dans son mouchoir sale.

Le moment délicat était arrivé, il s'agissait de choisir un mari. Plusieurs candidats étaient sur les rangs : Maurice, le fils du grainetier, René, celui de l'imprimeur, mais ces deux-là étaient trop jeunes, ils seraient pour Thérèse ou Gogo. Il restait, bien sûr, André et Paul. Mais lequel choisir pour éviter une nouvelle querelle? Prendre les deux, il n'y fallait pas songer. Avait-on jamais vu mariée avec deux maris? L'heure était grave.

Les deux petits garçons, vêtus l'un d'une redingote luisante d'usure beaucoup trop grande, d'un chapeau haut-de-forme qui lui cachait presque les yeux, tenant une canne à tête de chien, l'autre d'un habit de velours verdâtre ayant appartenu à un lointain aïeul, d'un canotier crânement rejeté en arrière, et une badine à la main, se tenaient, fiers de leur mise, en face de celle pour qui ils soupiraient, sûrs l'un comme l'autre d'être élu.

« Je choisis André... »

Joie de l'un, tristesse de l'autre.

« ... à l'aller... »

Regards d'incompréhension,

« ... et Paul au retour... »

Frustration de l'un, revanche de l'autre.

« ... comme ça, il n'y aura pas de jaloux! »

Blanche et Titine approuvèrent et les deux gamins également mécontents s'inclinèrent, tandis que le reste de la noce finissait de s'habiller.

Gogo fut en paysanne avec coiffe, tablier et un panier presque aussi grand qu'elle; Thérèse, en colombine, déguisement de carnaval que Blanche avait fait faire pour Geneviève au début de leur arrivée à Montmorillon et qui, devenu trop étroit, venait d'échoir à la cadette. La sœur d'André, Suzanne, fut en nourrice, Maurice en pâtissier et René en moine. Le cortège s'organisa — Geneviève avec André, Thérèse avec Paul, Gogo avec René, Suzanne avec Maurice — et descendit dans la rue pour aller faire le tour des amis et des voisins. Les gens riaient, applaudissaient cette noce grotesque, et les commerçants chez qui les enfants s'arrêtaient leur offraient des bonbons ou quelques sous.

Geneviève marchait, émue, serrant très fort le bras d'André qui, tout raide, prenait très à cœur son rôle de marié.

Marie-Louise, la bonne à qui Blanche avait intimé l'ordre de ne pas quitter les enfants, donna le signal du retour. Et le moment tant attendu et tant redouté arriva. Paul bouscula violemment André en disant :

« C'est mon tour ! »

Et Geneviève, les yeux pleins de larmes, quitta le bras d'André pour celui de Paul : l'état d'épouse n'est pas facile ! Un moment on a le cœur en fête, envie de chanter, de courir ; l'instant d'après, de se sauver pour cacher sa peine et arracher ce voile ridicule. Mais une gentille petite fille chrétienne ne fait pas ces choses, elle se sacrifie pour faire plaisir au bon Dieu qui la récompensera un jour au ciel. Et Geneviève redressa sa jolie taille, refoula ses larmes et adressa un sourire à Paul qui, ne se sentant plus de joie, lança à l'ancien mari un regard de triomphe qui atteignit André au cœur.

Personne autour d'eux n'avait conscience du drame qui se jouait, les grandes personnes moins que les autres. Elles avaient toujours regardé d'un air attendri ou amusé le « manège des amoureux », comme elles les appelaient en riant. Pas une qui n'eût pensé : « Ces enfants jouent avec le feu, ils souffriront un jour. » Prend-on au sérieux les amours enfantines ? « Cela leur passera avec le temps. » Et quand cela ne passe pas, quand en grandissant ils s'aiment toujours, ou plutôt, quand la fille n'en aime qu'un, mais redoute de chagriner l'autre ? Quand on respecte les convenances, ses parents, M. le curé, la présidente des Enfants de Marie, quand on se croit au-dessous de la condition de l'autre, moins aimée peut-être, quand on est animée d'un esprit de sacrifice et qu'on n'ose pas faire de la peine, que fait-on ? Que fait alors une petite fille bonne, douce et obéissante ?

Mais elle n'en était pas encore là, la douce Geneviève, si jolie sous son voile déchiré.

Les parents aimaient aussi à se déguiser, mais il fallait pour cela des occasions importantes, tel le Carnaval, un bal masqué, ou la fête des commerçants. Longtemps on parla de ce carnaval où M. et Mme P. dansèrent toute la nuit, elle déguisée en pioupiou, lui en garde-champêtre, avec les parents du petit Paul costumés elle en nourrice, et lui en bébé avec sa longue robe, son bonnet, sa tétine et son hochet ! Une année, la mère et ses trois filles s'habillèrent en Pierrots et le père en Croquemitaine.

La fête annuelle des commerçants donnait lieu aussi à des travestissements que l'on promenait à travers la ville sur des chars fleuris ; les petites, transformées en fleurs − l'une en coquelicot, l'autre en bleuet, la troisième en marguerite − entouraient une grande fille habillée d'un drap, figurant la République.

On se déguisait aussi pour les processions. La plus belle et la plus importante était celle de la Pentecôte, en témoignage de reconnaissance à la Vierge de l'église Notre-Dame qui, en des temps anciens, avait sauvé la ville des inondations. Les enfants ne se lassaient pas d'entendre raconter le miracle.

Il y a longtemps, une inondation terrible envahit les champs, les rues, et menaça d'emporter le Vieux Pont. Les prêtres de la paroisse Notre-Dame décidèrent de porter la Vierge en procession sur le pont. Dès qu'elle fut au milieu de l'antique ouvrage, les eaux baissèrent et se retirèrent. Tous les assistants tombèrent à genoux en remerciant Dieu et la Vierge. Ils promirent que chaque année, à la même époque, ils feraient en procession le tour de la ville, et ils n'y manquèrent pas. Deux ou trois siècles passèrent. On construisit sur la rive opposée une église, plus belle, croyait-on, que celle de Notre-Dame, que l'on baptisa Saint-Martial. Voulant rendre hommage à la Vierge miraculeuse, l'évêque de Poitiers décida de faire transférer la vénérable statue dans la nouvelle église, malgré l'opposition des paroissiens de Notre-Dame. Ceux de Saint Martial partirent donc en procession avec une charrette fleurie attelée d'un cheval. Au retour, arrivé au milieu du Vieux-Pont, le cheval refusa d'avancer. Rien n'y fit, on dut rebrousser chemin. On revint le dimanche suivant avec un char fleuri tiré par des bœufs. Comme la fois précédente, au milieu du pont, les bêtes refusèrent d'avancer. On essaya à nouveau avec quatre bœufs. Derechef les animaux s'arrêtèrent en plein pont. Certains commençaient à voir là-dessous quelque diablerie, d'autres un miracle. Le curé de Saint-Martial choisit quatre hommes costauds, bons catholiques, portant sur leurs épaules un brancard. Eux passèrent sans rechigner et déposèrent au milieu des cantiques la Vierge dans sa nouvelle demeure. Mais le lendemain, la têtue avait réintégré sa place dans l'église Notre-Dame. C'était bien un miracle! On la laissa tranquille, puisqu'elle préférait l'art roman à l'art moderne. Par la suite, elle se montra bonne fille, ne refusant pas de traverser le pont pour aller faire le tour de la ville en grande pompe et en vêtements d'apparat — elle en changeait selon l'importance de la cérémonie.

A l'occasion de cette procession et de quelques autres, les enfants et les adolescents se costumaient. Et c'était une débauche de saints Jean-Baptiste à peaux de moutons, d'anges avec des ailes en vraies plumes, aux robes de toutes couleurs, de petits évêques, de rois mages, de Jeanne d'Arc, de minuscules religieuses, de moinillons, de zouaves pontificaux, etc. Pour raison de piété et de bonne conduite, une petite fille ou un petit garçon représentait l'Enfant Jésus. La Vierge Marie dans sa robe de Lourdes était choisie, pour sa joliesse plus que pour son assiduité aux offices, parmi les élèves de l'institution Saint-M., et Saint-Joseph, parmi ceux du séminaire.

La procession s'ordonnait ainsi : devant, le suisse dans son bel habit rouge à la française, tenant fièrement sa hallebarde et sa haute canne à pommeau d'argent; derrière, les enfants costumés, puis les petits des écoles libres, vêtus de blanc, portant accrochée à leur cou une panière remplie de pétales de fleurs qu'ils avaient pour mission de jeter en certaines circonstances; puis le brancard sur lequel étaient la Vierge et son enfant dans leurs plus beaux atours, couronnés de fleurs, un bouquet entre leurs mains. La statue était portée par les hommes les plus considérables et les plus pieux de la ville. Marchant derrière, l'archiprêtre, les curés et prêtres dans leurs ornements dorés, entourés d'enfants de chœur, suivis de communiants et communiantes de l'année dans leurs vêtements de cérémonie, des Enfants de Marie, bannière en tête, des religieuses des différentes congrégations, des grands élèves des écoles, de la fanfare municipale, puis du reste de la foule. Presque tous les habitants de la région suivaient cette importante procession qui était, pour les femmes et les jeunes filles, l'occasion d'étrenner une nouvelle robe ou un nouveau chapeau.

Cela commençait tôt le matin et durait plusieurs heures, car à chaque carrefour se dressait un reposoir recouvert du plus beau linge brodé des habitants du quartier, disparaissant sous les fleurs et où l'on déposait la Vierge. En guise de tapis, on avait dessiné avec des feuilles et des pétales de savantes arabesques. La table était entourée d'enfants de moins de cinq ans habillés de blanc et tenant à la main une couronne. A chaque station, les pères ou les mères élevaient leur enfant afin qu'il pût retirer la couronne précédente et mettre la sienne à la place. C'était un honneur de couronner ainsi l'Enfant Jésus et sa mère. Toute l'année, on gardait précieusement, comme des reliques, ces symboles fleuris. Plus tard, comme tous les enfants de Blanche, puis ses petits-enfants, j'ai moi aussi couronné la Vierge.

On s'observait de carrefour à carrefour pour savoir qui avait le plus beau reposoir, le sol le mieux décoré, les draps les plus blancs accrochés aux murs des maisons. Ceux du haut de la Grand'Rue et du Pont de Bois étaient presque aussi célèbres que ceux de l'Institution et du Séminaire.

Au mois de juin, pour la Fête-Dieu, c'était l'Eucharistie dans l'ostensoir que l'on promenait à travers la ville, présentée par l'archiprêtre couvert d'une chape brodée de fils d'or, marchant sous un dais d'or à franges porté par des hommes honorables, tandis que d'autres tenaient les cordons. A chaque station, l'archiprêtre posait l'ostensoir, s'agenouillait et priait, imité par la foule. Les enfants de chœur agitaient les encensoirs. L'air sentait l'encens, la rose et la poussière. Le prêtre bénissait la foule et repartait plus loin sous les pétales lancés par les enfants qu'accompagnaient les chants des cantiques.

Il y avait aussi des processions plus intimes, si l'on peut dire : celle du 15 août, où l'on portait chapeaux de tulle ou de paille, sans oublier l'ombrelle — comme il y avait des gens en vacances, des étrangers, cela avait un air de fête un peu païenne —, celles de Moussac, de saint Nicolas, de saint Pou à Consise, sans compter celles qu'on célébrait à l'intérieur de l'église.

Après les grandes manifestations religieuses, il n'était pas rare qu'une fête foraine se tînt sur la place du Terrier. On s'y rendait en famille. Les fillettes obtenaient de faire plusieurs tours de chevaux de bois, de manger de la barbe à papa, des sucres d'orge chauds, des gaufres poudrées de sucre fin. Leur grande joie était de voir leurs parents monter sur un des manèges pour grandes personnes et de regarder Blanche s'élever dans les airs, criant et riant comme une jeune fille. Qu'elle était belle, leur maman! Aucune qui fût aussi belle : même les enfants riches n'avaient pas d'aussi jolies mamans!

C'est vrai qu'emportée par la vitesse, retenant son chapeau d'une main, elle était bien belle, la sérieuse Madame P., sous le regard amoureux de Léon, heureux de la voir rire. Les petites filles se poussaient du coude quand elles la voyaient quitter le manège, légèrement titubante, une mèche dépassant des bandeaux impeccables, le chapeau de travers, les joues roses et les yeux brillants, s'accrochant au bras de son mari qui lui tenait la taille plus longtemps qu'il n'était nécessaire.

Quand ils rentraient à la maison, épuisés par une aussi longue et bonne journée, après avoir quitté leurs beaux habits, ils s'asseyaient dans le jardin autour d'une longue table recouverte de toile cirée à carreaux blancs et bleus. Là, les enfants prenaient leurs albums à colorier, leurs minuscules poupées qu'elles appelaient des mignonnettes, leurs livres de la bibliothèque rose, tandis que le père lisait son journal et que la mère préparait le dîner, aidée par la bonne. Quelquefois, Léon jouait avec elles au Nain Jaune, au Jeu des 7 familles, au loto ou à la bataille. Blanche venait les rejoindre avec sa corbeille à ouvrage, laissant à Marie-Louise le soin de mettre la table.

Après le dîner, quand le temps avait une douceur de miel, que les hirondelles rayaient le ciel de noir, la famille se dirigeait vers la route de Limoges, lieu de promenade favori des Montmorillonnais. Blanche et Léon marchaient lentement dans le pré bordant la Gartempe, respirant l'odeur de la rivière et le parfum poivré de la menthe sauvage. De temps en temps, un poisson sortait de l'eau en une arabesque argentée, les grillons donnaient leur concert et les premières chauves-souris voletaient. C'étaient, pour les deux époux, d'intenses minutes de bonheur et de paix.

Les enfants, respectueuses de cette solitude amoureuse, ou préférant plutôt se poursuivre dans le pré avec des cris de souris, s'éloignaient de leurs parents. Il n'était pas rare que le retour se fît à la nuit tombée. Invariablement, Blanche disait :

« Ces petites vont être fatiguées, elles ne pourront pas se lever demain.

— Quelle importance, répondait Léon, ce sont les vacances ! »

Ces soirs-là, pas besoin de fées, de loups-garous ni de princes charmants pour endormir les fillettes. Les yeux à demi fermés, elles s'agenouillaient au pied de leur lit dans leur longue chemise de nuit blanche pour dire la prière du soir. Blanche et Léon baisaient leurs fronts en souriant et sortaient sur la pointe des pieds, emportant la lampe. Une veilleuse allumée près d'une statue de la Vierge brûlait toute la nuit.

III

En juin 1908, une joie et une peine survinrent en même temps dans la vie paisible de Blanche : elle eut un fils, Jean, un solide petit garçon, rouge, gourmand et braillard, et apprit la mort tragique de sa mère.

On avait cru qu'avec l'âge, l'amour de Louise pour Monsieur G. était devenu raisonnable, mais la douleur qui s'empara d'elle à la mort de celui pour qui elle avait tout quitté, tout bravé, montra que cette passion avait survécu au temps. Rien ne pouvait la distraire, ni ses petits-enfants qu'elle aimait tendrement, ni les livres qui avaient accompagné sa vie, ni la musique, puisque l'aimé n'était plus là pour l'entendre. Un matin, elle partit, ayant mis ses affaires en ordre, portant une robe claire qu'il aimait, presque une robe de jeune fille, et s'en alla le long du canal. Ce n'est que le lendemain qu'on la retrouva comme endormie sur les cailloux de la rive.

C'est à René qu'incomba le pénible devoir de reconnaître le corps. Sa peine fit place à un sentiment qui ressemblait à de la joie.

« Si tu avais vu comme elle était belle, dit-il plus tard à sa sœur, elle souriait comme quelqu'un qui voit quelque chose d'heureux, son visage était lisse et doux, si jeune dans ses cheveux défaits. De la voir ainsi, j'ai pensé : c'est bien. »

L'état de Blanche ne lui permit pas de se rendre à l'enterrement. Elle en éprouva un grand chagrin que des préoccupations matérielles plus immédiates reléguèrent au second plan.

Dieu merci, le bébé allait bien et mangeait goulûment, mais la petite Gogo, elle, ne mangeait plus. Depuis trois jours, ni les caresses ni les menaces n'avaient pu lui faire ouvrir la bouche. Marie-Louise lui présentait ses gâteaux préférés, Titine l'aspergeait d'eau bénite, Léon grondait, Geneviève et Thérèse donnaient leur jouet favori. Rien n'y faisait. La petite se sauvait dans le jardin, se terrait dans un coin, près de la remise à outils, et appelait sa mère d'une voix lamentable. La sage-femme, Madame C., préconisa une bonne fessée, ce qui mit le père dans une colère telle que la donneuse de méchants conseils n'insista pas. Léon prit sa fille et la porta sur le lit de la mère, pâle, les yeux rougis de larmes, bien faible encore.

« Tu veux donc me faire mourir de chagrin, que tu ne manges pas ? »

La petite gardait la tête obstinément baissée. La mère lui tendit son bol empli de lait, elle ne bougea pas. Alors Blanche l'attira contre elle et le lui fit boire. Durant plusieurs jours, elle n'accepta de nourriture que de sa main.

On lui disait :

« Regarde ton petit frère, regarde comme il est joli. »

C'est vrai qu'il était joli, ce petit frère, mais elle ne l'aimait pas, elle ne l'aimerait jamais, il lui avait pris sa maman. A cause de lui, elle n'avait plus de maman. Elle avait envie de le jeter hors de son berceau, de le piétiner, de lui arracher son bonnet de tulle, et la tête avec. Quand personne ne la voyait, elle le pinçait jusqu'à ce qu'il se réveille en hurlant. A son air innocent, nul ne pouvait suspecter la cause de ces cris.

Au bout de quelque temps, tout rentra dans l'ordre,

mais quelque chose resta à jamais brisé dans le cœur de la petite fille.

Plus tard, elle dut aller à l'école. Comme ses sœurs, elle s'y rendit sans plaisir. La première journée fut horrible, elle eut envie de faire pipi, mais n'osa demander. Elle fit dans sa culotte. A la récréation, elle ne voulut pas sortir, s'accrochant à son banc. La bonne sœur la souleva en s'écriant :

« Oh! la petite sale, la petite sale! »

Elle l'emmena derrière le tableau noir, lui retira sa culotte et l'emmaillota dans le torchon qui servait à essuyer le tableau. La religieuse l'envoya ainsi dans la cour de récréation, rouge de honte sous les regards moqueurs des autres. Nouvelle humiliation : à la fin de la classe, la sœur lui remit sa culotte mouillée. C'en était trop : le lendemain, Gogo refusa de retourner à l'école.

On dut arriver à un compromis. Comme elle disait qu'elle voulait bien revenir en classe à condition d'être avec Thérèse, les parents obtinrent des religieuses que, durant quelque temps, on la laissât à côté de sa sœur. La première heure, tout se passa bien. La porte s'ouvrit et une institutrice entra :

« Mademoiselle Marguerite P., c'est l'heure de la lecture. »

Thérèse lui fit signe de suivre la religieuse, et elle obéit en se disant qu'elle allait revenir. Effectivement, l'heure de lecture passée, elle revint dans la grande classe. Le lendemain, même chose, mais au moment de repartir vers sa sœur, on lui dit :

« Non, cette fois, vous restez là. »

Elle se sauva. Elles durent se mettre à deux pour la ramener, hurlant, donnant des coups de pieds. On menaça de l'attacher à son banc. Elle pleura jusqu'à l'heure de la sortie. Le lendemain, sans que personne ne lui eût rien dit, elle se mit d'elle-même dans la file de la petite classe, ayant compris cette fois qu'on ne lui céderait pas.

Comme ses sœurs, elle apprit à lire assez vite. Ce qui lui plaisait dans les livres, c'étaient les images, particulièrement celles de l'Histoire sainte et de l'Histoire de France. Jeanne d'Arc devint son héroïne préférée. Elle rêvait du martyre, se voyait religieuse, mais abandonna très vite cette idée quand on lui eut dit que, dans les couvents, il fallait casser la glace pour se laver. Gogo pouvait tout accepter : les tigres, les sauvages qui vous mangent, le bûcher, mais la glace, non. C'était au-dessus de ses forces.

Le froid fut une des choses les plus pénibles à supporter durant leur enfance. Bien que chaudement vêtues, elles avaient toujours froid. Deux pièces seulement étaient chauffées dans la maison : la cuisine et la grande salle à manger où la famille se tenait, de préférence au salon, sinistre et inchauffable. Gogo, qui passait pour la plus fragile, avait obtenu de prendre ses repas assise devant le feu, sur une chaise basse, son assiette sur les genoux. Le dimanche, pour aller à la messe, chacune emportait une chaufferette en cuivre sur laquelle elle posait ses pieds couverts d'engelures. Dès qu'elles revenaient à la maison, elles quittaient leurs chaussures montantes, si rigides, et enfilaient avec délices leurs pieds endoloris dans des pantoufles de feutre. Leurs mains non plus n'étaient pas épargnées, malgré l'huile de foie de morue que Blanche s'obstinait à leur faire prendre et qu'on recommandait contre les engelures.

Avec le retour de la belle saison, Geneviève obtint la permission, quand elle sortait de l'école, de promener son petit frère. Elle allait du côté de l'Allochon avec ses amies Jeanne et Lucienne. Elles jouaient aux dames, aux mères de famille, à pousser très fort la voiture sur ses grandes roues, ce qui amusait beaucoup le bébé. Mais un jour, Geneviève ayant poussé plus fort que d'habitude, la haute voiture bascula et le petit Jean tomba dans la capote, sans autre mal qu'une bosse au front. Il n'en fut pas de même pour l'élégante voiture qui fut toute éraflée.

Pour la première fois, Léon la gronda :

« Tu es la plus grande, et tu fais des choses comme ça ? »

Geneviève eut le cœur gros : si elle allait promener son petit frère, c'était pour rendre service à sa mère, qu'elle voyait bien fatiguée ! La prochaine fois qu'on le lui demanderait, elle refuserait de garder ses sœurs, puisque ça se terminait toujours mal ! Mais, le jeudi suivant, sa mère, occupée avec Marie-Louise, Françoise, la laveuse, et Claudine, la couturière à domicile, lui confia la garde des enfants au jardin de la route de Saint-Savin, lui disant :

« Veille bien sur tes sœurs et ton frère, en attendant que ton père et moi venions vous rejoindre. »

Geneviève, investie de cette haute mission, oublia sa précédente déconvenue et les emmena au grand jardin. Thérèse courait au milieu de la route.

« Veux-tu bien te mettre sur le côté, tu vas te faire écraser ! » disait la grande sœur.

Mais la cadette se rebiffait :

« Dis donc, pourquoi tu commandes, t'es pas plus que nous ! »

Enfin, elles arrivèrent. Tout se passa bien jusqu'au moment où, Gogo ayant pincé son petit frère, celui-ci se mit à hurler.

« Cette fois, je t'ai vue, je le dirai à maman que c'est toi qui le fais toujours pleurer ! » cria Geneviève en bondissant pour la battre.

Gogo se sauva en criant :

« Tu ne m'attraperas pas, la, la lère..., tu ne m'attraperas pas, la, la, lère... »

Tout en la poursuivant, Geneviève arrachait des lattes, ces petits chardons que l'on glisse dans l'encolure des robes en matière de plaisanterie, et les jetait à sa sœur dont la tête ne fut bientôt plus qu'un bouquet de boules piquantes. C'est à ce moment-là que les parents arrivèrent. Blanche poussa des cris en voyant la nouvelle coiffure de sa fille.

« Cette pauvre Gogo qui n'a pas beaucoup de cheveux, je vais devoir les lui arracher ! »

Furieux, le père saisit le plus gros paquet de chardons avec une poignée de cheveux, ce qui fit pousser à Gogo des hurlements d'écorchée, et le posa sur la tête de la coupable en disant :

« Tiens, grande sotte, ça t'apprendra ! »

Et l'air retentit des clameurs des petites filles enchardonnées.

Quelquefois, quand il faisait très chaud, Blanche autorisait ses filles à aller se baigner aux Ilettes en compagnie de la bonne Marie-Louise, sous la responsabilité de Madame B., mère d'André et de Suzanne. Il n'était pas rare que d'autres petites filles se joignissent à la petite troupe et c'était alors une dizaine de fillettes, en robes de toile claire, aux longs cheveux couverts de chapeaux de paille, qui s'en allaient à travers les chemins, chantant, sautillant, courant après les rapiettes pour leur attraper la queue (tout le monde sait que la queue des petits lézards qui se dorent sur les murs des chemins porte bonheur, presque autant que les trèfles à quatre feuilles que Gogo, on ne sait comment, trouvait toujours), suivies de Madame B., très digne sous son ombrelle, et de Marie-Louise portant le panier du goûter, le linge de rechange et les serviettes de bain.

Sur la petite plage des Ilettes, abandonnée par les laveuses à cause de la chaleur, les enfants retiraient leurs chaussures et leurs robes et, en culottes et chemises de coton blanc, se précipitaient en criant dans l'eau tiède de la Gartempe, sous les regards inquiets des deux femmes.

« Attention, n'allez pas trop loin ! »

Même en allant loin, la rivière était si basse que l'on pouvait la traverser sans avoir de l'eau plus haut que la taille. Insensiblement, les fillettes se rapprochaient d'une îlette couverte d'arbustes bas, guère plus grande que la cour de récréation de l'Institution Saint-M. Des rires s'échappaient des fourrés. André et Paul y avaient entraîné leurs petits camarades, pour aller voir les filles se baigner. Et elles, tout en faisant semblant de ne pas les remarquer, prenaient des poses, soulignées par le tissu mouillé de leurs sous-vêtements. Les femmes perçaient déjà dans ces petites filles pieuses et maigrelettes.

Les appels de Madame B. devenant pressants, elles revenaient rouges et les yeux brillants. Marie-Louise s'empressait de les sécher et de leur enfiler, cachées derrière une serviette, une culotte et une chemise sèches. Ce bain les avait affamées et elles ne laissaient pas une miette du pain et du chocolat apportés dans le grand panier.

Jamais Blanche ne voulut se baigner, elle avait une peur irrépressible de l'eau et souffrait quand elle voyait ses propres enfants s'ébattre au milieu de la rivière.

Un été, voulant être agréables, des amis de Léon invitèrent Thérèse et Gogo à passer quelques jours à Poitiers. Les deux enfants se faisaient une joie de ce voyage. Blanche leur prépara leurs plus beaux vêtements, leurs plus jolis chapeaux et leur recommanda de bien se tenir et d'être obéissantes. Les petites acquiescèrent, toutes à la joie du départ. Mais, arrivées, quel ennui ! D'abord, Jeanne, la fille des amis de leurs parents, retira de leur manteau le grand col de guipure qui l'agrémentait et la jolie broche qui le tenait fermé, trouvant ça encombrant et inutile. Les fillettes en furent très mortifiées, se sentant laides dans leurs vêtements raides et sans ornements qui leur donnaient, disaient-elles, l'air de bonnes sœurs. C'est qu'elles étaient coquettes, les filles de Blanche, habituées par leur mère à être toujours bien mises malgré les ressources modestes du ménage.

Blanche se donnait beaucoup de mal pour habiller ses enfants. La couturière qui venait à domicile ne chômait pas. Les vêtements étaient sans cesse décousus et recousus à la taille des plus petits. La robe la plus banale était toujours égayée d'un col de dentelle, de guipure, d'un rabat joliment brodé. Même les tabliers avaient un petit col blanc. Les demoiselles P. passaient pour élégantes : l'été tout en blanc et l'hiver, leurs manteaux de drap réchauffés par un tour de cou de fourrure assorti à la toque et au manchon. C'est pourquoi les deux sœurs se sentaient bien nues dans les rues de Poitiers.

Pour oublier, tout en marchant devant Jeanne et ses parents, elles jouaient avec leurs mignonnettes qui ne quittaient jamais leur poche, ou bien avec leur parapluie. Le parapluie était un élément important de la toilette, et aussi un compagnon de jeu. Celui de Thérèse avait une tête de perroquet en guise de poignée; celui de Gogo, une tête de chien, et c'était, entre ces deux animaux aux yeux de verre, des conversations à n'en plus finir qui les faisaient pouffer de rire, à la grande colère de Jeanne qui disait :

« Mais qu'avez-vous à rire ainsi ? Etes-vous sottes ? »

Et les rires, les conversations reprenaient de plus belle, malgré les remontrances. Ça lui apprendrait, à cette grande bringue avec ses pieds plats et son vilain nez, à vouloir les rendre aussi laides qu'elle.

Heureusement, ces vacances prirent fin rapidement.

Léon, qui aimait la musique, voulut que ses filles jouassent d'un instrument. Geneviève et Thérèse apprirent le violon et Gogo la mandoline. Un vieux célibataire qui vivait avec sa mère, Monsieur Louis, vint leur enseigner le solfège. Assez vite, elles furent capables de tirer de leurs instruments des sons pas trop discordants, se révélant ainsi plus douées pour la musique que pour le travail scolaire.

Il faut dire que là, ce n'était guère brillant, et Léon avait quelques raisons d'être mécontent. Geneviève ne travaillait pas trop mal, mais son manque de confiance en elle était tel, qu'elle se sentait incapable de réciter une leçon qu'elle savait cependant par cœur. Cette petite fille douce et bonne, mais orgueilleuse et susceptible, se sentait inférieure à ses compagnes, rejetonnes de riches bourgeois ou de nobliaux de la région, mais supérieure aux enfants pauvres et sans rien de commun avec ceux des commerçants qui lui paraissaient grossiers et mal élevés. Elle voulait tout faire mieux que les autres, mais avait peur de ne pas réussir. Son rêve était d'être demoiselle des postes. Cela lui paraissait un métier intéressant, qui permettait, croyait-elle, de voyager et de gagner assez d'argent pour être libre. Liberté... Elle ne savait pas très bien ce que le mot voulait dire, mais il la faisait rêver. En attendant, elle fit sa communion pieusement, demandant à Dieu de lui donner le courage d'accepter son sort et d'être reçue à son certificat d'études.

Thérèse, de l'école, n'aimait que la récréation, qu'elle attendait avec une impatience qui faisait dire à la maîtresse :

« Mademoiselle P., voulez-vous vous tenir tranquille ! Vous avez la danse de saint Guy ? »

Si elle était la dernière en classe, au jeu elle était la première. Nulle n'était plus forte à la balle au camp, à la corde, à la marelle ou aux osselets. Gaie, bonne, serviable, elle n'avait que des amies et se sentait à l'aise partout.

Gogo et elle firent leur communion solennelle en même temps. Autant Gogo était heureuse et émue de « recevoir » le bon Dieu, autant Thérèse ne vit dans cette cérémonie que l'occasion d'avoir des cadeaux et de faire un bon repas. Minuscules, elles marchaient en tête du cortège des communiantes, tenant un cierge allumé presque aussi grand qu'elles, la tête penchée sous le poids de la lourde couronne de grosses roses blanches, serrant contre elles un beau missel avec leurs initiales en or, leur chapelet d'argent et de nacre, fières de leurs médailles et de leur chaîne en or, et surtout de leurs gants de fine peau blanche que leur mère avait eu beaucoup de mal à trouver à leur taille. Inévitablement, dans leurs souliers neufs, elles avaient mal aux pieds.

Quant à Gogo, elle n'avait de goût que pour la mythologie, la poésie, l'Histoire sainte et Jeanne d'Arc, et restait complètement étrangère au calcul, à la géographie et aux sciences naturelles, choses ou trop abstraites ou trop concrètes pour cet esprit rêveur. Pendant longtemps, elle n'accepta d'aller en classe que si sa mère lui donnait un sou. Elle s'accrochait au vaste tablier et trépignait jusqu'à ce qu'elle l'obtienne. Blanche cédait, tant elle avait peur de la voir se mettre en colère, perdre le souffle, tomber et s'évanouir, comme cela lui arrivait parfois quand on la contrariait. Avec son sou bien serré dans sa main, elle se rendait en courant avec ses amies, suivie de Marie-Louise, chez la mère Cuicui dont la boutique faisait pâtisserie le dimanche. En semaine, un gros chat remplaçait dans la vitrine les gâteaux. Gogo achetait une poignée de petits pois, ou un fouet de réglisse, ou encore une surprise. Quand elle décollait avec soin la pastille colorée qui fermait le cornet de papier, représentant un Pierrot ou une lune grimaçante, elle éprouvait chaque fois un frémissement délicieux. Elle collait ces vignettes dans le cahier où elle copiait ses cantiques et de courts poèmes, parmi des trèfles à quatre feuilles et des fleurs séchées. On trouvait dans ces surprises des animaux en plâtre dont elle faisait l'échange avec ses camarades. Il y avait aussi des surprises géantes avec le portrait de son idole, Jeanne d'Arc, mais elles coûtaient deux sous.

La boutique de la mère Cuicui était donc la halte gourmande sur le chemin de l'école. Un jour, avec son amie intime Mamy de F., que Gogo admirait beaucoup pour son audace et ses bêtises, et Suzanne, la sœur de l'amoureux de Geneviève, elles entrèrent dans la boutique où, en dehors du chat, il n'y avait personne. Tout à coup, du fond du magasin, elles virent arriver en courant, jupes retroussées, la mère Cuicui qui leur dit en se rajustant :

« Excusez-moi, mes enfants, j'étais au petit coin. Qu'est-ce que vous voulez ? »

Les enfants se regardèrent. Ce qu'elles voulaient, c'était une poignée de petits pois...

« Donnez-nous des bonbons enveloppés, s'il vous plaît », dit la fille de Blanche d'une voix à peine audible.

Plus jamais Gogo n'acheta de petits pois. Pourtant, les bonbons enveloppés étaient plus chers. Par la suite, elle n'y acheta que ses surprises.

Jean grandissait et devenait de plus en plus turbulent. Souvent, dans le magasin, autre terrain de jeux des enfants, on le perdait. Une fois, devant les larmes de Blanche, Léon était sur le point d'appeler les gendarmes quand le commis revint en criant :

« Je l'ai trouvé... Je l'ai trouvé... »

Le gamin dormait dans la paille au fond d'un grand carton où il était tombé. Blanche l'emporta serré contre elle avec un air féroce d'animal blessé.

Cette grande boutique avec ses hauts comptoirs, ses tiroirs innombrables, ses rayonnages, ses échelles coulissantes, ses recoins d'ombre où l'on pouvait se cacher et ceux où l'on pouvait grimper sans être vu de personne, étaient pour eux la caverne d'Ali Baba. Chacun des enfants avait son lieu de prédilection : Geneviève, c'était les tissus, les rubans qu'elle aimait mesurer, Thérèse jouait à rendre la monnaie, Gogo avait un faible pour le rayon papeterie, l'odeur des gommes la faisait défaillir, mais l'endroit qu'elle préférait était celui des tapis-brosses où il y avait toujours une place pour se cacher. Dès qu'elle voyait arriver des amies de sa mère ou certaines clientes, elle se glissait parmi les tapis pour éviter d'être embrassée. Une grosse femme surtout la faisait fuir; du plus loin qu'elle la voyait elle se précipitait sur ses tapis. Un jour, l'autre fut la plus rapide et l'attrapa :

« Viens m'embrasser, ma petite Gogo ! »

La gamine tenta de se dégager sous l'œil irrité de sa mère.

« Veux-tu dire bonjour ! Allons, dis bonjour à la dame !

— Je n'ai pas le temps », répondit l'enfant en parvenant à se dégager.

Des années durant, la grosse femme la poursuivit en lui disant :

« Alors, Gogo, as-tu le temps de me dire bonjour, aujourd'hui ? »

« Néné, Néné ! » criait Jean à travers toute la maison, au jardin et jusque dans la rue.

On l'arrêtait pour lui demander ce qu'il voulait dire, où il courait ainsi. On obtenait de lui toujours la même réponse :

« Néné... »

Renseignements pris, on sut que Blanche venait de

donner le jour à une grosse et ravissante petite fille, qu'elle se prénommait : Solange-Françoise, et que Jean, émerveillé, penché sur le berceau, avait tendu les bras en l'appelant Néné. C'est ainsi qu'il appelait ses poupées. Car ce garçonnet brutal avait un faible pour les poupées. Voilà pourquoi le bébé Solange devint pour tout le monde Néné.

« C'est une belle famille, disait-on en voyant passer M. et Mme P. et leurs enfants toujours impeccablement mis. Comment font-ils ? »

Ils travaillaient dur l'un et l'autre, sans dimanches — le magasin était ouvert tous les dimanches matin et fermait tard le soir — sans jamais prendre de vacances. Malgré tout, ils trouvaient le moyen d'aider ceux qui étaient dans le besoin. Contrairement aux autres commerçants, Léon ne chassait pas les bohémiens, les romanichels, comme on les appelait, de sa boutique. Il n'en était pas toujours récompensé, car les gamins en guenilles venaient parfois chaparder du fil, des lacets ou des crayons. Quand il les prenait sur le fait, il se contentait de les gronder de sa grosse voix, sans jamais les menacer d'appeler les gendarmes.

« Votre bon cœur vous perdra », disaient les clientes.

Si lui-même aimait les nomades, ce n'était pas le cas du chien Muscat, qui, dès qu'il en voyait un, grand ou petit, se précipitait crocs en avant. C'était pourtant le plus doux des animaux, le jouet et le souffre-douleur des enfants. Que de fois ne l'avaient-ils pas habillé en bébé, avec robe et bonnet, et promené dans une vieille voiture, ou bien encore, attelé à une petite charrette dont il devait être le cheval. Il se laissait faire, pataud, grognant à peine quand on lui écrasait une patte ou qu'on lui donnait un grand coup sur les oreilles, qu'il avait sensibles. Mais les bohémiens, on sentait qu'il n'en aurait fait qu'une bouchée.

Léon avait son vagabond attitré, un bonhomme sans âge qu'on appelait le père Nord et que l'on voyait arriver avec le printemps. Il se présentait au magasin, ôtait bien poliment ce qui lui servait de chapeau et disait :

« Vous n'auriez pas un bout de travail à me donner ? »

Invariablement, Léon lui répondait :

« Il y a le jardin, vous pourrez le faire pendant quelques jours. »

Tout le temps que durait son travail, il couchait dans la cabane à outils où la bonne lui portait à manger. Pendant toute la belle saison, il vivait comme ça, d'un jardin à l'autre. Dès que le froid arrivait, Léon disait :

« Le père Nord ne va pas tarder à nous quitter. »

Un jour, on entendait dans la rue un épouvantable fracas de verre brisé, et Monsieur P. souriait d'un air entendu en grommelant :

« C'est sûrement le père Nord qui va prendre ses quartiers d'hiver. »

En effet, comme à chaque retour de la mauvaise saison, le vieil homme abattait deux ou trois vitrines et se retrouvait pour l'hiver en prison. Il vécut comme ça durant de nombreuses années, puis un jour il ne revint pas. Les enfants le regrettèrent.

Blanche aussi avait ses pauvres. Elle faisait nettoyer avec soin les vêtements trop usagés des enfants, y ajoutait des gants, des chaussettes et des bonnets tricotés à la veillée, et les offrait en compagnie des aînées à deux ou trois familles particulièrement démunies. Il n'était pas rare qu'elle fît porter, par jour de grand froid, un pot-au-feu pour améliorer l'ordinaire de ces pauvres gens. Elle regrettait de ne pouvoir donner plus et compensait son manque de moyens en allant soigner une femme en couches, rendre visite à un vieillard abandonné ou aux malades de l'hôpital. Elle avait pour tous le mot qu'il fallait, le geste qui apaisait.

Etait-ce charité ou superstition ? Les deux, peut-être.
Elle se sentait si favorisée dans son amour, ses enfants
et sa vie même, qu'elle éprouvait le doux besoin de
donner, comme pour racheter tant de bonheur. Le bonheur était une chose si fragile ! N'avait-elle pas perdu
un enfant ? Sans le secours de Dieu, Jean, son seul fils,
serait mort après avoir bu tout ce pétrole, tout comme
la petite Néné qui était tombée en arrière et s'était
trouvée mal. Conséquence ou non de sa chute, trois
jours après, une méningite s'était déclarée. Maintenant,
elle était sauvée. Mais que de peurs, de peines, de fatigues et de larmes !

IV

Titine disait souvent à Blanche et à Léon :

« Vous devriez faire apprendre à vos filles le métier de modiste, c'est un bon métier et, plus tard, je leur céderai mon magasin à bon prix.

— Oh! non, alors, s'écriait Geneviève, je veux voyager, être demoiselle des postes!

— Demoiselle des postes? Tu n'y penses pas! Ce n'est pas convenable d'envoyer une jeune fille seule dans une ville étrangère. Tandis que modiste, ça te permettrait de rester près de nous et d'aider ta mère », disait Léon.

Devant l'air buté de sa fille aînée, il ajoutait :

« On verra après ton certificat d'études. »

Ce fut toute une histoire, ce certificat d'études. C'était alors la guerre entre les écoles libres et les écoles laïques. Toutes les élèves de l'Institution Saint-M. furent refusées. Au père qui s'indignait, l'inspecteur répondit que, de toute façon, elle n'avait pas l'âge, qu'elle était trop jeune, qu'elle se représenterait l'année suivante.

Léon refusa et Geneviève n'eut pas son certificat. Elle ne passa donc pas non plus son brevet, qui lui aurait ouvert les portes de la carrière convoitée; elle resta à l'école jusqu'à l'âge de quinze ans et apprit le métier de modiste.

Quand Thérèse entendait parler de faire des chapeaux, elle s'écriait :

« Oh! bien non, alors! Pour rester assise toute la journée, je préfère m'en aller. »

Elle ne partit pas, et apprit à confectionner des chapeaux.

Gogo, elle, n'avait rien contre le métier de modiste : ce qu'elle voulait, c'était rester avec ses parents et être tranquille. Elle se mit donc aussi aux chapeaux.

En attendant, elles continuaient à rêvasser ou à s'ennuyer en classe, ne trouvant de joies et de distractions, hors de la maison, qu'à l'église.

Leurs diverses obligations religieuses prenaient tout leur temps libre : le dimanche, messe basse (souvent) et messe chantée (toujours), vêpres et salut. Durant le mois de mai, célébration du mois de Marie. Tous les soirs, après le dîner, jeunes filles et fillettes se rendaient à l'office. Pour beaucoup, c'était prétexte à échanger des regards avec les garçons, et, quand le temps le permettait, à faire un tour sur la route de Limoges ou de Saint-Savin, en passant par les petits chemins dont les odeurs printanières troublaient ces chastes enfants.

A la maison, durant cette période, il y avait partout ce qu'elles appelaient des « mois de Marie ». Chaque fille avait son petit autel avec une statue de la Vierge et de minuscules vases de grès de haut feu venant de la fabrique de l'oncle René, contenant des fleurs blanches, devant lesquels elles disaient à toute occasion une prière. Mais ça n'était rien auprès du jardin : dans la grotte au Mercure cassé, l'on disposait une grande statue de la Vierge de Lourdes au pied de laquelle la famille se réunissait avec les bonnes, les vendeuses, les commis et Titine pour une prière en commun à la lueur des cierges. Seul Léon n'y participait pas.

En dehors du mois de Marie, il y avait le mois du Sacré-Cœur et celui de saint Joseph, les répétitions des cantiques, des processions, des pièces jouées à l'occasion de la remise des prix, de la fête de l'école, de la kermesse paroissiale, — bref, les demoiselles P. ne chômaient pas.

Geneviève attendait avec impatience ses quinze ans pour être reçue Enfant de Marie et s'y préparait avec ferveur.

Le succès du bazar de la Grand'Rue fut tel qu'il devint rapidement trop exigu. Un grand emplacement était disponible sur le boulevard à moins de cinquante mètres de la rue commerçante. Les propriétaires, sur les conseils de Léon, entreprirent de faire construire un nouveau local, mieux approprié. Blanche se réjouissait à l'idée d'un logement plus grand, mais les enfants voyaient ce déménagement avec tristesse.

Il faisait froid quand ils emménagèrent dans l'appartement neuf. Les plus petits se faisaient houspiller par tout le monde et les aînées devaient aider à passer les paquets par-dessus le mur mitoyen du nouveau magasin.

Le soir, dans leur nouvelle chambre glaciale et inhospitalière, les fillettes, deux par deux dans de grands lits, se serrant l'une contre l'autre pour se réchauffer, pleuraient longtemps avant de s'endormir.

Quelques jours plus tard, le 12 février 1914, une petite fille naissait, pas bien grosse, prénommée Bernadette, et que bien vite on appela Dédette.

V

Le silence inhabituel qui régnait dans le jardin inquiéta Blanche. Quelles bêtises pouvaient commettre les enfants ? Jean avait-il une nouvelle fois fait manger des vers de terre à la petite Néné ? Gogo et Thérèse escaladaient-elles, au risque de se casser une jambe, le mur de leur ancienne demeure ? La mélancolique Geneviève était-elle perdue dans une de ces rêveries qui la laissaient étrangère à tout ce qui se passait autour d'elle ? Elle sourit, pensant que leur père devait leur raconter une de ses histoires qui avaient le don de calmer les plus turbulents. La mère attentive tendit l'oreille... aucun grognement d'ogre ou de loup ne se faisait entendre. Abandonnant à Marie-Louise la sauce qu'elle tournait, sa dernière-née sur les bras, Blanche sortit dans le jardin. Tous les enfants étaient là, immobiles sur leurs chaises, le visage levé en direction du fauteuil d'osier dans lequel était assis leur père. Blanche ne voyait que le dos cannelé du siège et un grand journal tombé à terre. Elle s'approcha. Nul ne bougea, comme figé par la baguette d'une fée. Blanche sourit de nouveau : Léon avait dû inventer une histoire si terrifiante que même les aînées l'écoutaient avec une attention dont rien ne pouvait les détourner. Elle remarqua des larmes sur les joues de la trop sensible Gogo : son conteur d'époux mettait vraiment trop de réalisme dans ses récits. Ce récit devait être bien terrible puisque l'insouciante Thérèse et la grande Geneviève pleuraient aussi. Même Jean, qui adorait l'ogre du Petit Poucet « qui coupe la tête aux filles », essuyait son visage mouillé avec un coin de son tablier sale. Quant à Néné, elle avait enfoui sa jolie figure derrière ses mains potelées. Inquiet, le chien Muscat s'aplatissait sous la table, le museau caché entre ses pattes. Non, vraiment là, Léon exagérait. Blanche s'avança.

Il lui sembla qu'un poids énorme s'abattait sur ses épaules, ses jambes fléchirent, le frêle bébé lui sembla lourd tout d'un coup. Léon, les bras abandonnés de chaque côté des accoudoirs du fauteuil, le visage bouleversé, pleurait.

« Qu'y a-t-il ? »

Son cri les fit sortir de leur larmoyante immobilité : les enfants sanglotèrent, le chien hurla, Léon se leva avec colère et, ramassant le journal, le brandit en direction de sa femme.

« Ils ont osé ! »

Blanche le regarda sans comprendre. Elle voyait bien sur la première page du *Petit Parisien* le mot ASSASSINE écrit en gros caractères. Mais qui avait-on assassiné pour que Léon se mette dans un tel état ?

« Jaurès, ils ont assassiné Jaurès... »

Et alors, pensa-t-elle, soulagée, n'est-ce pas des gens comme lui, des mécréants, des socialistes qui avaient chassé les religieux de France, proclamant l'enseignement laïque. Elle eut honte de cette pensée et en demanda pardon à Dieu. C'était un péché de se réjouir de la mort d'un homme, même un ennemi. Elle cherchait des mots de consolation, mais ne trouvait rien à dire.

Son silence rendit Léon brutal.

« Tu ne comprends donc rien : JAURES A ETE ASSASSINE... Il y a un mois, c'était l'archiduc François-Ferdinand... C'est la guerre... LA GUERRE, entends-tu?...

— La guerre?

— Oui, la guerre. »

Devant les éclats de voix de leur père, les enfants, tels des poussins apeurés, s'étaient regroupés avec un air de reproche autour de leur mère.

« Est méchant, papa », dit la ronde Néné d'un ton convaincu.

Cette réflexion détendit tout le monde.

« Mais non, il n'est pas méchant, il a seulement de la peine », dit Blanche en attirant contre elle la tête aux boucles brunes de la petite fille.

S'accrochant à la main de son père, Jean dit :

« Ne pleure pas. Tu sais, la guerre, c'est amusant. A l'école, on joue toujours à la guerre, c'est moi le chef. Et toi, tu seras le chef?

— Je ne sais pas, peut-être.

— Non, papa, non, je ne veux pas que tu ailles à la guerre, je ne veux pas qu'on te tue. »

Léon se pencha et souleva Gogo sanglotante.

« Ne pleure pas ma petite chérie, la guerre n'est pas encore déclarée, mais, si elle l'est, je devrai faire mon devoir comme tous les Français.

— Si j'étais un homme, moi aussi, je ferais mon devoir, dit Thérèse avec un tel sérieux que tout le monde éclata de rire.

— A quel âge part-on à la guerre? demanda Geneviève en pensant à ses amoureux.

— Madame, madame, à table, le dîner va être brûlé! »

Léon ne se trompait pas : le 2 août 1914, la guerre fut déclarée. Dans l'attente de sa feuille de mobilisation, il fit préparer une musette contenant du linge de rechange, des gâteaux secs, des chaussettes et des pansements qui fut entreposée dans la chambre de réserve en attendant le jour du départ. Cette musette fascinait Néné, qui montait souvent, en cachette, en visiter le contenu, caressant chacun des objets. Longtemps, la petite résista à la tentation de goûter aux gâteaux, mais un jour, sans savoir comment, elle ouvrit un paquet et le vida entièrement. Le soir, Blanche ne comprit pas pourquoi sa fille, presque toujours affamée, refusait de manger du riz au lait dont elle était habituellement friande.

Il faisait très chaud, les femmes, assises sur leurs chaises devant le pas de leur porte, un ouvrage à la main, bavardaient tout en surveillant les enfants qui montaient et descendaient la Grand'Rue en courant, criant, armés de bâtons ou de fusils de bois :

« Pan, pan, tu es mort !

— Non, je ne suis pas mort. Pan, c'est toi qui es mort !

— Non, c'est toi, sale Boche !

— Tricheur, c'est pas moi qui joue le Boche, c'est toi ! »

Titine dut séparer Paul et André, qui, malgré leur âge, s'étaient laissés aller à des jeux de gamins. L'œil réprobateur, la belle Geneviève tricotait des chaussettes pour son futur filleul de guerre.

Les hommes allaient, discourant avec sérieux, du boulevard au bas de l'escalier conduisant à la place Saint-Martial. Après quelques échanges de mots avec le pharmacien accoudé à sa fenêtre, ils reprenaient leur déambulation. Au bas de la rue, au Pont-de-Bois, certains entraient boire une bière dans le café de la mère Leurette. Dès que le carillon de Notre-Dame se mettait en branle pour sonner l'heure, les conversations s'arrêtaient, les femmes pliaient leur ouvrage et rentraient chez elles en emportant leur chaise. Elles en ressortaient en ajustant leur chapeau, au moment même où le carillon de Saint-Martial prenait le relais. Tous les habitants de la Grand'Rue se mettaient en marche en direction de la sous-préfecture. Bientôt le boulevard était rempli d'une foule aussi dense que celle des jours de foire. D'autres gens arrivaient de la ville haute par le Vieux-Pont ou le Pont-Neuf : les femmes de condition modeste en bonnet, rarement en cheveux, bourgeoises ou commerçantes en chapeau de paille blonde ou noire; les hommes en casquette ou canotier.

Au dernier coup de neuf heures, toutes les conversations s'arrêtaient et la foule, immobile, attendait. Alors, la porte de l'édifice officiel s'ouvrait et un petit homme chauve et rondouillard, le secrétaire du sous-préfet, descendait les quelques marches, une feuille de papier blanc à la main, et s'approchait de la grille. Dans le silence, on n'entendait que le crissement de ses pas sur les graviers de l'allée et les cris des hirondelles se poursuivant au-dessus de la Gartempe. Il ouvrait la grille, dont le grincement désagréable faisait penser à plus d'un qu'on ferait bien d'en huiler les gonds. A l'aide d'une punaise à tête dorée il fixait la feuille sur une planchette de bois accrochée à l'extérieur, après en avoir retiré le bulletin de la veille. Le communiqué du jour était affiché. On allait savoir. La grille refermée, un brouhaha immense montait de la foule qui ondulait pour s'approcher du léger panneau. Par la suite, la guerre se prolongeant, ce modeste affichage fut remplacé par une grande boîte vitrée protégée par un léger grillage. Tous et toutes tenaient à voir de leurs yeux les chiffres, le nom des lieux et surtout celui des victimes. De temps en temps, un cri suivi de gémissements et de sanglots montait vers le ciel où s'allumaient les premières étoiles : un père, un fils, un époux, un parent ou un ami était mort. On s'écartait de ceux que l'aile du malheur venait de toucher, craignant sans doute d'en être atteint à son tour. Seuls, les proches demeuraient. La foule s'écoulait doucement devant la sous-préfecture et s'en allait, silencieuse.

Blanche n'accompagna pas Léon et les enfants. Elle préféra rester près du berceau où dormait la petite Bernadette et se reposer des fatigues de la journée sous la tonnelle. Assise sur le banc de pierre, elle regardait sans le voir le vol rapide des hirondelles et celui, soyeux, des chauves-souris. A quoi pensait-elle? A la guerre, bien sûr, mais elle y pensait comme à quelque chose d'abstrait, d'omniprésent pourtant et qui dérangeait l'ordre quotidien : son mari, chargé de famille, ne pourrait pas être mobilisé et, de toute façon, la France serait rapidement victorieuse. Elle se laissait aller au bien-être de cette belle nuit d'été, savourant ce trop rare moment de solitude.

Peu à peu, l'ombre envahissait le petit jardin; de la terre montaient des parfums que la chaleur du jour avait maintenus emprisonnés. Près de la tonnelle, les roses trémières embaumaient.

Une chauve-souris voleta longuement au-dessus du rocher de la Vierge. Blanche suivit des yeux ce vol de velours. Brusquement, elle se leva, prise de lassitude à l'idée de les retrouver tous, d'avoir à répondre aux questions des aînés et à écouter les commentaires de son mari sur le déroulement de la guerre. Envahie par un irrésistible désir d'escapade, elle entra dans la maison, prit dans l'entrée aux patères du porte-manteau un châle et un chapeau et sortit furtivement dans la rue déserte. Résolument, elle tourna le dos au boulevard éclairé par la lumière des becs de gaz que venait d'allumer le père Panpan, remonta la Grand'Rue, évita l'escalier, lui aussi éclairé, conduisant à la place Saint-Martial, prit la côte raide passant devant l'hôtel de Moussac et longea le haut mur. Blanche marchait vite comme quelqu'un de pressé qui sait où il va. Elle arriva aux dernières maisons de la petite ville, prit un chemin qui serpentait à travers des champs de blé maintenant moissonnés et remarqua l'odeur différente de l'air, plus lourde et plus sucrée. Les jours raccourcissaient. C'était la fin de l'été.

Le carillon de Notre-Dame l'arracha à sa rêverie champêtre et l'immobilisa. Blanche regarda autour d'elle avec étonnement, comme quelqu'un qui se réveille pour la première fois dans une chambre inconnue. Dix heures sonnèrent. La nuit était tombée : seule une lueur verte indiquait dans le lointain l'emplacement où le soleil s'était couché. Des milliers d'étoiles, maintenant, brillaient dans le ciel. Elle frissonna et resserra son châle autour de ses épaules. Que faisait-elle seule, la nuit, en pleine campagne ? Blanche n'arrivait pas à comprendre ce qui l'avait conduite ici. Et le bébé ? Un cri s'échappa de ses lèvres : sa petite fille était restée seule. Comment cela était-il possible ? Sans se soucier des pierres du chemin, elle courut aussi vite que le lui permettaient sa longue jupe noire et ses étroites bottines. Dérangé par sa course, son chapeau tomba. Elle s'arrêta pour le ramasser et négligea de le remettre. Les premières personnes qui remontaient de la sous-préfecture hésitèrent à reconnaître dans cette femme en cheveux, décoiffée, la digne et froide Madame P. d'habitude si convenable. Blanche ne se souciait plus de sa tenue ni des regards curieux de ceux, de plus en plus nombreux, qui la croisaient, ne pensant qu'au bébé abandonné dans son berceau. De son esprit affolé surgissaient des images d'incendie, d'enlèvement, de bêtes féroces. Elle dévala la Grand'-Rue et se heurta à Titine qui, de stupeur, ne trouva rien à dire, ce qui, chez cette bavarde, était signe de grande confusion. Claquant la porte de l'entrée, Blanche monta toujours en courant à l'étage et pénétra dans sa chambre, où était le lit de l'enfant. A la lueur de la veilleuse, les yeux grands ouverts, la petite

Dédette la regardait. Elle se pencha les tempes battantes et, bouleversée, remarqua les joues mouillées de larmes de sa fille. Son cœur se serra; elle prit le bébé dans ses bras en lui demandant pardon, l'appelant de ces mots tendres et naïfs que toutes les mères inventent pour calmer leurs petits. De la rue montaient des bruits de voix où dominait la voix glapissante de Titine. La porte de l'entrée s'ouvrit.

« Blanche, Blanche, tu es là? »

La maison, si calme quelques instants auparavant, retentit de la voix aiguë des fillettes, des cris de Jean et des appels de Léon. Agacée, Blanche prit sa fille dans ses bras et apparut en haut de l'escalier.

« Que se passe-t-il, la petite est malade? demanda Léon en montant au-devant de sa femme.

— Mais non, elle s'est réveillée, c'est tout!

— Mais Titine m'a dit...

— Je t'expliquerai, mon ami », dit-elle en s'appuyant sur son mari.

Le résultat de ce moment de folie, comme l'appelait Blanche, fut que Léon lui proposa de l'emmener rendre visite à son frère René et à sa belle-sœur Emilia, qu'elle aimait tendrement.

« Mais les enfants... le magasin... la guerre...

— Ne t'inquiète pas, tout est arrangé. Geneviève et les bonnes prendront soin des petits. D'ailleurs, Titine sera là et le premier commis m'a assuré que je pouvais partir sans inquiétude. Quant à la guerre, elle sera encore là, hélas! à notre retour. »

Blanche entoura le cou de son mari de ses deux bras, les yeux brillants de larmes.

« Que tu es bon. »

Emu, Léon tortilla sa moustache et baisa le front toujours lisse, caressant les sages bandeaux où apparaissaient quelques fils blancs...

Blanche ne voulut pas partir sans deux chapeaux neufs. Titine et ses ouvrières employèrent tout leur talent, et le résultat fut à la hauteur de leur ambition et du désir de leur exigeante cliente. La couturière confectionna une tenue de voyage qui fut jugée très chic par Geneviève et Thérèse.

Enfin, le grand jour arriva. De bon matin, Monsieur Georges, le libraire, les conduisit à la gare dans son cabriolet.

Blanche ne connaissait pas Limoges, et ils décidèrent de passer par cette ville pour se rendre à Vierzon. Après un copieux petit déjeuner au buffet de la gare, ils déposèrent leurs bagages à la consigne et partirent explorer la cité de saint Martial.

Ils traversèrent les jardins du Champ de Juillet, s'extasièrent sur les poissons du bassin, les massifs de fleurs, les statues de pierre. Tout leur semblait beau. C'étaient leurs premières vacances depuis qu'ils étaient mariés. Blanche serra le bras de son mari, qui lui sourit en la regardant avec admiration. Depuis tant d'années, Léon ne se lassait pas de la regarder, de bénir le jour où elle était devenue sa femme, ne sachant comment lui manifester son attachement, le prix qu'il attachait au moindre de ses sourires, l'angoisse qui l'envahissait quand elle lui semblait lasse. Il la trouvait plus belle qu'au jour de ses noces, ne voyant dans les premières griffures de l'âge que la marque du temps passé ensemble. Ils marchaient lentement le long des ruelles de la ville. Léon tint à lui montrer le marché de la place des Bancs et la pittoresque rue de la Boucherie. L'odeur qui montait des étals, des marmites de sang et d'abats posés à même le sol, de la foule grouillante, était telle que Blanche pensa s'évanouir. Avisant la minuscule chapelle de saint Aurélien, lieu cher à la corporation des bouchers limougeauds, elle entraîna son mari à l'intérieur du sanctuaire. Un soupir de soulagement s'échappa de sa poitrine, l'air ici avait la douceur du miel et le parfum de l'encens. Les ors de la petite chapelle étincelaient à la lueur tremblante de centaines de cierges. Léon, sachant que cela lui ferait plaisir, mit quelques pièces dans un tronc et alluma un cierge aux pieds de la statue de saint Antoine. S'agenouillant devant l'autel où brillait la lampe rouge, Blanche le remercia d'un sourire et, baissant la tête, pria longuement.

Léon contempla avec émotion la fragile nuque penchée et se surprit à murmurer, lui, l'incroyant :

« Mon Dieu, protégez-la ! »

Après la fraîcheur et le silence embaumé de ce lieu de recueillement, le soleil de septembre et le vacarme empuanti de la rue les assaillirent avec une telle force qu'ils battirent en retraite.

Ils visitèrent les jardins de l'archevêché et la cathédrale, que Blanche trouva laide et sombre. Léon, quant à lui, décréta que toutes les églises étant pareilles, celle-là à tout prendre n'était pas trop mal. Sa femme haussa les épaules en disant qu'il n'y connaissait rien. Par les ruelles en pente, derrière la cathédrale, ils descendirent vers les rives de la Vienne où ils déjeunèrent sous la treille d'une auberge au bord de l'eau, près de l'antique pont Saint-Etienne. L'hôtesse leur servit une friture toute fraîche pêchée, et une solide omelette au lard et aux pommes de terre accompagnée d'une salade. Des fromages de chèvre bien secs et une sorte de clafoutis aux pruneaux achevèrent ce repas d'amoureux. Le peu de l'âpre vin qu'ils avaient bu leur rosissait les pommettes et alanguissait leurs gestes. Appuyés l'un contre l'autre, ils restèrent longtemps silencieux, regardant couler l'eau de la rivière, perdus dans de tendres pensées, oubliant la guerre et tout ce qui n'était pas eux.

Ils revinrent lentement vers le centre de la ville, admirèrent en passant la noire église Saint-Michel, s'arrêtèrent devant les vitrines de la rue du Clocher et redescendirent vers la gare sans se presser, un peu las d'avoir tant marché sur les pavés inégaux. Ils arrivèrent en avance, récupérèrent leurs bagages et s'assirent sur un des bancs du quai, heureux de reposer leurs pieds endoloris.

Un train rempli de jeunes gens agitant des drapeaux passa devant eux avec fracas. Blanche agrippa le bras de Léon comme pour le retenir, tandis qu'une larme troublait son regard.

Le frère et la sœur furent très heureux de se revoir. Mais la plus heureuse de ces retrouvailles fut sans conteste la jolie Emilia. Le temps ne lui avait rien ôté de son charme, malgré un léger embonpoint dû aux excès de sucreries. René aussi avait grossi. Ses cheveux et sa moustache, maintenant presque blancs, surprenaient dans ce visage coloré, demeuré jeune, où brillaient des yeux bleus pétillants de malice. Toujours épris de la tyrannique Emilia, « qui le menait par le bout du nez », disaient les commères de la ville, il n'avait qu'un chagrin : ne pas avoir d'enfant. Aussi avait-il reporté toute sa tendresse paternelle sur sa petite fabrique de grès devenue florissante, qui, avec sa femme, était toute sa raison de vivre. Mobilisé, il attendait d'un moment à l'autre son ordre de marche. Les trois premiers jours se passèrent en visites chez les parents et les amis. Tous leur faisaient fête, les félicitaient pour leur bonne mine, leur nombreuse famille et leur réussite.

Ce fut dans la jolie maison de René, sur les bords du Cher, qu'ils apprirent la victoire de la Marne.

« Maintenant, vous ne partirez plus, dirent en même temps les deux belles-sœurs.

— Ce n'est qu'une question de jours, nos braves soldats vont les reconduire jusqu'à Berlin, dit Léon à
Blanche. Le commerce va repartir, nous devons
rentrer. »

Voilà pourquoi le triomphe des troupes françaises
écourta leurs premières vacances.

Emilia et René tentèrent de les retenir, de garder
Blanche, au moins quelques jours. En vain. Blanche
s'ennuyait déjà de ses enfants, et Léon, de son magasin.
On se quitta en se promettant de se revoir très vite.

Quatre longues années allaient passer avant qu'ils ne
soient réunis de nouveau.

VI

A LA rentrée d'octobre 1914, Geneviève ne retourna pas en classe, malgré son désir de passer son brevet dans l'espoir de devenir demoiselle des postes. Léon, pourtant si soucieux du bonheur de ses enfants, refusa avec colère, disant que la place de sa fille aînée était auprès de sa mère pour l'aider à s'occuper des petits. Quant à apprendre un métier, le père en avait choisi un : modiste. C'était un bon métier que Titine lui apprendrait sans qu'elle ait à quitter sa famille. D'ailleurs, il venait de passer un accord avec Titine : au printemps prochain, il lui achèterait sa boutique, la vertueuse demoiselle voulant se retirer du commerce pour se consacrer à la diffusion de « la bonne presse » dont elle était dépositaire.

Geneviève n'eut que ses larmes pour protester. Sa trop grande gentillesse, son manque de confiance en soi, sa peur de mal faire, de peiner ses parents qu'elle adorait, l'empêchèrent d'expliquer clairement pourquoi elle voulait continuer ses études. La mort dans l'âme, brisée par tant d'incompréhension, assistant, impuissante, à cette asphyxie de sa volonté, elle se retrouva par une froide matinée d'automne une aiguille à la main, en train de fixer une grappe de raisin sur le nouveau chapeau de la sous-préfète.

Chaque soir, la trop obéissante Geneviève demandait à Dieu de lui donner le courage de bien faire son travail et surtout de supporter les tracasseries de Titine et les plaisanteries des deux ouvrières qui se moquaient de sa maladresse, les offrant en sacrifice pour que cesse la guerre.

Heureusement, il y avait André qu'elle retrouvait quelquefois en cachette dans le grenier de la modiste. Là, dissimulés derrière de vieux cartons à chapeau, des malles défoncées, des mannequins d'osier hors d'usage, ils se disaient leur amour en se tenant la main. Quelquefois, la tête aux longs cheveux bouclés de la fille s'inclinait sur l'épaule du garçon, mais, très vite, elle reprenait sa pose, distante et raide, rougissant encore au souvenir de ce baiser qu'il lui avait donné et qu'elle avait rendu le jour où il l'avait découverte en larmes après que Léon lui eut annoncé sa décision d'interrompre ses études. Comment avait-elle pu se conduire ainsi, elle que tout le monde citait en exemple, le curé comme les vieilles bigotes pourtant attentives à déceler le moindre manquement dans la tenue des jeunes filles ? Plusieurs fois par jour, le souvenir de ce moment d'égarement, c'est ainsi qu'elle nommait cette merveilleuse sensation de bonheur déferlant dans son cœur et dans son corps, lui revenait, accélérant les battements de son sang, lui coupant les jambes et lui mettant le rouge au front. Jamais, jamais elle n'oublierait cela, même quand elle serait une vieille dame aux cheveux blancs : épuisée de douleur, elle avait fui la salle à manger familiale et les taquineries de ses sœurs pour pouvoir pleurer tout à son aise dans le grenier autrefois témoin de leurs jeux. C'est là, à demi enfouie sous de vieilles tentures, qu'André l'avait découverte, allongée sur un tapis dont il ne restait que la corde. Le jeune homme avait essayé de calmer ses sanglots avec les mots affectueux qui habituellement apaisaient les chagrins de son amie. Cette fois, il n'y était pas parvenu. Désemparé devant cette peine immense, lui-même au bord des larmes, il s'étendit près d'elle et la prit dans ses bras en lui murmurant à l'oreille des mots incohérents. Le corps de son amie, tremblant contre le sien, le bouleversait. Ses lèvres baisèrent les yeux, le cou, la bouche. Les sanglots de Geneviève s'arrêtèrent, ses bras se refermèrent et elle donna à André son premier baiser. Les amoureux restèrent ainsi longtemps, savourant cette douceur nouvelle pour eux. Mais, que faisait André? Pourquoi lui pressait-il ainsi la poitrine? Ce n'était pas bien, cela lui faisait mal. Avec violence, elle le repoussa et se releva. Ses doigts heurtèrent une poutre. Elle poussa un cri et porta sa main endolorie à ses lèvres.

« Tu t'es fait mal? » fit André en tendant les bras.

Geneviève recula, rouge et décoiffée, le visage gonflé d'avoir tant pleuré, sentant encore sur sa bouche celle de son ami.

« Ne me touche pas! C'est malhonnête ce que nous avons fait! Ne recommence plus jamais! Promets-le-moi?

— Mais...

— Promets-le-moi, sinon je ne te verrai plus et... je le dirai à Paul. »

A l'idée d'être, peut-être, supplanté par son rival, André promit, jura même, de ne plus l'embrasser.

Quand elle se confessa, elle avoua avoir eu de mauvaises pensées.

« Avez-vous eu des attouchements impudiques? » demanda le prêtre.

Moins innocente, Geneviève eût dit oui tant son honnêteté était grande. Ignorante, elle dit non tout en se demandant toutefois si les baisers et les caresses n'entraient pas dans cette catégorie. Il faudrait qu'elle demande à la grande Lulu, la première ouvrière de Titine, celle dont on disait qu'elle n'avait pas froid aux yeux.

L'hiver 1914-1915 fut pour les deux jeunes gens le temps le plus heureux de leur amour. Chaque jour, ils se voyaient, chaque jour, ils parlaient de leur mariage, quand la guerre serait finie et qu'André trouverait le courage de dire à son père qu'il voulait épouser une jeune fille sans fortune. Il y avait bien Paul dont il fallait se méfier, car lui aussi aimait Geneviève et voulait l'épouser. Mais, rassuré par sa voix douce, il était convaincu qu'elle le préférait. Coquette, elle ne le détrompait pas. Les parents, aveugles comme toujours dans ces cas-là, ne s'apercevaient de rien.

Chaque soir, dans la grande salle à manger ou dans la boutique de Titine, ou chez le libraire, Monsieur Georges, et sa sœur, Mademoiselle Julie, les jeunes gens et les jeunes filles du voisinage se réunissaient pour faire de la charpie, tricoter, tailler des guêtres dans de vieilles couvertures, tandis que les parents commentaient les dernières nouvelles du front en buvant de la tisane et en croquant des gâteaux. Cette année-là, l'espoir était encore dans les cœurs, la guerre allait bientôt se terminer, aussi ces soirées étaient-elles fort animées et souvent très gaies. Léon, grand amateur de musique et de nouveautés, faisait écouter les dernières chansons à la mode enregistrées sur des rouleaux. Quelquefois on poussait les meubles pour permettre à la jeunesse de danser sous les regards indulgents des mères. Geneviève pensait s'évanouir de bonheur quand elle valsait dans les bras d'André sous l'œil de Paul, qui, lui, ne savait pas danser. On jouait aussi aux dominos, au Nain jaune, aux dames. Un jour, Gogo subtilisa un jeton sur lequel était écrit : « Sur ce jeton j'écris : " Je t'aime. " » Geneviève et André devinrent cramoisis et se levèrent pour tenter de reprendre le pion à la petite chipie qui courait autour de la table en criant :

« Qui c'est qui l'aime, qui c'est qui l'aime ? »

Gogo fut arrêtée par Paul qui, sans ménagement, lui arracha cette pièce compromettante. Geneviève sentant ses jambes se dérober, lutta contre cette faiblesse et se précipita sur Paul.

« Donne ça, c'est à moi !

— Non, je veux voir ce qu'il y a d'écrit...

— Tu n'as pas le droit !... »

Alors, on vit cette chose incroyable, la douce Geneviève mordre jusqu'au sang la main fermée du garçon. Sous la douleur, il laissa échapper le jeton, qui roula devant la cheminée. D'une souple détente, la jeune fille le ramassa et, avant que Paul ait pu le lui reprendre, le jeta dans le feu, puis se redressa avec un tel air de défi que Paul recula.

Tout cela s'était passé si vite que les parents ne comprirent pas l'étendue du drame et, quand ils virent Geneviève se diriger vers Gogo et la gifler, ils crurent que la cadette avait une nouvelle fois taquiné son aînée. Cependant, cette attitude n'étant pas jugée digne d'une jeune personne bonne et bien élevée, Blanche ordonna à sa fille de monter dans sa chambre.

Tard dans la nuit, une silhouette blanche se faufila dans la pièce à nouveau déserte dont seul, le balancement de la pendule troublait le silence. Sa bougie posée à terre, Geneviève fouillait à l'aide du tisonnier les cendres encore chaudes de la cheminée. Soudain, abandonnant la tige de fer, elle saisit un petit morceau de bois à demi calciné, souffla dessus et, à la lueur de la bougie, put lire le seul mot qui ne fût pas effacé : « aime ». Elle porta le pion brûlé à ses lèvres et s'enfuit, le cœur apaisé.

La grande foire de Noël, cette année-là, fut la dernière de cette importance et ne retrouva jamais, la guerre finie, cette ampleur, cette ambiance qui attiraient à des kilomètres à la ronde les paysans et les habitants des villages voisins. Elle avait lieu le lendemain de Noël. On l'appelait aussi la foire aux amoureux.

La fin de l'année était toujours une période d'anima-

tion pour la petite ville : il y avait la fête des commerçants et son bal, auxquels Léon apportait toute son
autorité et ses soins, et celle de l'Institution Saint-M.,
qui se clôturait par une représentation théâtrale sur la
petite scène de l'école. Chacune des demoiselles P.
avait un rôle à jouer. Elles s'en acquittaient de leur
mieux à la grande fierté de leurs parents et au conten-
tement de leurs professeurs.

Quand le soir de Noël arrivait, Blanche, aidée par les
enfants, faisait la crèche, qui, au fil des années, s'était
augmentée d'un certain nombre de petits personnages,
pour la plus grande joie de tous. Cette année deux soldats vinrent s'ajouter aux adorateurs de Jésus : un
zouave à la culotte rouge et un fantassin du plus beau
bleu — bleu horizon, disait Geneviève. Gogo tomba
amoureuse du fantassin, qu'elle sortait fréquemment
de son support de mousse et qu'elle serrait contre elle
pour le réconforter en lui disant que la guerre allait
bientôt finir. Un jour, Jean la bouscula. Sous le choc, le
joli soldat lui échappa et dans sa chute, perdit un bras
et une partie de sa tête. Devant les larmes de sa fille,
Blanche recolla le bras et fixa autour de la tête blessée
un beau pansement.

« Tu vois, c'est un héros qui vient montrer au bon
Jésus toutes les souffrances des soldats », dit-elle à
Gogo en reposant la figurine rafistolée.

Les joues encore couvertes de larmes, Gogo esquissa
un sourire en murmurant d'une petite voix :

« Il est encore plus beau comme ça. »

Est-ce à partir de ce jour-là que la petite fille donna
sa préférence à la couleur bleue ?

On ne mettait l'Enfant Jésus dans la crèche qu'au
retour de la messe de minuit. Marie-Louise, enveloppée
dans un grand tablier d'un blanc parfait, les aidait à
retirer leurs manteaux et leurs bottines alourdies de
neige et leur tendait un grand bol de chocolat fumant
et une brioche cuite dans l'après-midi. Avant de monter

se coucher, toute la famille mettait ses meilleurs souliers, soigneusement cirés, devant la cheminée. Le lendemain matin, chacun découvrait ses cadeaux avec des
cris de plaisir, mais sans grande surprise. En effet, le
père Noël, par manque d'imagination ou de moyens,
mettait chaque année la même chose dans les
chaussures : une orange et une mandarine enveloppées
dans un papier de soie joliment coloré, un paquet de
crottes en chocolat, un petit jouet, un flacon de parfum
ou un mouchoir, selon l'âge du destinataire. Les gros
cadeaux, c'était pour plus tard, pour le 1er janvier.

En attendant, tous devaient aider au magasin, qui ne
désemplissait pas durant ces périodes de fête. Le jour
de la foire était le moment culminant. Dès huit heures,
dans la nuit encore, les portes s'ouvraient devant une
foule arrivée par le premier train. Le plancher retentissait du bruit des sabots et des galoches des hommes en
blouse raide et des femmes en habit du dimanche. Cel-
les-ci avaient sur la tête leur plus beau caillon ami-
donné et certains rubans traînaient presque jusqu'à
terre. Jusqu'au soir, cette foule endimanchée allait
déambuler dans les rues de la ville, s'installer dans les
cafés, les restaurants, jouer aux loteries de la fête
foraine, monter sur les manèges, acheter aux forains
installés sur la place Saint-Martial et sur celle du
Champ de Foire des objets de première utilité ou de
pacotille. Les garçons et les filles se retrouvaient dans
les petits bals qui se tenaient dans l'arrière-salle de
certains cafés et dansaient au son de l'accordéon jusqu'à l'heure du dernier train. Alors, en bande, bras dessus, bras dessous, ils s'en allaient en chantant. Quel-
ques-uns se tenaient à l'écart, couples formés au hasard
d'une danse ou amoureux déclarés à l'issue d'un baiser.

C'était tout le long de l'avenue de la Gare un défilé
bruyant de jeunesse — les plus âgés, par prudence,
ayant pris de l'avance — suivi selon la tradition par les
jeunes gens et les gamins de la ville qui pour rien au

monde n'auraient manqué le départ des amoureux de Noël. Chaque année, ils dévalisaient le stock d'épingles doubles du magasin de Monsieur P.

Sur le quai de la gare empli de femmes encombrées de paniers et d'hommes qui discutaient en agitant leur bâton, les amoureux qui ne prenaient pas le même train se tenaient à l'écart, très près l'un de l'autre, main dans la main, les yeux dans les yeux, n'osant pas s'embrasser devant tant de gens. Tout à leur amour, ils ne remarquaient pas l'adolescent qui tournait autour d'eux. Quand le train entrait en gare, puis que retentissait le coup de sifflet annonçant le départ, le garçon ou la fille s'arrachait à son compagnon, vite arrêté dans son élan sous les éclats de rire! Profitant de leur tendre tête-à-tête, le jeune citadin avait attaché les longs rubans de la coiffe de la fille à la blouse du garçon. Quelquefois, dans la violence du départ, le bonnet se détachait et la jeune paysanne, confuse, restait en cheveux dans l'hilarité générale. Souvent celle qui était ainsi décoiffée se mariait au printemps suivant avec celui que le hasard avait ainsi marqué. Chaque année, c'étaient des dizaines de couples qui étaient victimes de cette innocente farce.

Avec la guerre disparurent les coiffes et leurs rubans, disparurent aussi les blouses amidonnées des garçons. La foire aux amoureux ne resta plus qu'un souvenir.

Dans la belle musette de cuir et de grosse toile à poches multiples faite spécialement pour Léon par le meilleur bourrelier de la ville, le père Coulond, les gâteaux secs se ramollissaient et le linge s'imprégnait lentement du parfum de la lotion capillaire de son propriétaire. Son âge et sa nombreuse famille retardaient son appel sous les drapeaux. Patriote convaincu, il en concevait un agacement profond.

Il eut un espoir, mêlé de peur, quand, le 7 mai, le

paquebot anglais *Lusitania* fut torpillé à la hauteur de l'Irlande par un sous-marin allemand. Il brûlait du désir de venger les 1 200 innocentes victimes.

A la fin du printemps 1915, Blanche eut une grande peur. La petite Dédette, qui faisait ses premiers pas en compagnie de Gogo, tomba sur la tête et resta long-temps sans connaissance. Les parents, se souvenant de la chute de Néné et de ses conséquences, redoutèrent une méningite. Le médecin les rassura, ne diagnostiquant rien de grave. Mais, à partir de ce jour, l'enfant refusa de marcher autrement qu'agrippée à la robe de sa mère. Dès qu'elle la lâchait, elle se laissait tomber.

Jean devenait de plus en plus dur, s'échappant sans cesse de la maison pour rejoindre ses petits camarades, René A., Maurice P., les frères G. et Jean C., avec lesquels il dénichait les nids, martyrisait le chien Styc, poursuivait la volaille dans les cours des fermes — la bande poursuivie à son tour par la fermière qui les menaçait de son balai de brandes — volant des oranges ou des pommes dans la baladeuse du père Colle, se roulant en se tenant la mâchoire et en poussant des cris lamentables au pied de l'estrade de l'arracheur de dents, jetant des pierres devant la ligne des pêcheurs, pissant dans les boîtes aux lettres ou dans les lessiveuses laissées par les laveuses à l'heure du déjeuner sur les bords de la Gartempe. Rien ne calmait ce besoin de faire des bêtises; ni les punitions, ni les coups ne venaient à bout de cette volonté de détruire, de salir, sauf, peut-être le regard triste de sa mère quand elle lui enlevait sa blouse déchirée, pansait un genou écorché, une bosse au front ou un œil au beurre noir en lui disant :

« Mon pauvre petit, que va dire ton père ? »

Jean lui mettait alors les bras autour du cou, l'embrassait, la cajolait, la regardait de son air le plus angélique.

« M'man, tu lui diras pas, dis ? »

Comment résister à ces caresses, à la douceur des yeux si bleus de son petit garçon ? Et Blanche cachait à Léon la plupart des bêtises de ce fils adoré. Elle n'était pas la seule : Titine n'hésitait pas à mentir pour protéger son favori des colères de son père; Geneviève, Thérèse et Gogo dissimulaient également bien des sottises.

L'école calma un peu cette nature excessive tant la crainte qu'inspirait à Jean son directeur, M. Charretier, petit bonhomme à longue barbe, était grande — bien que ce fût le meilleur des hommes. Les coups de règle sur la tête et les doigts administrés par sa femme, la mère Bigleuse, comme l'appelaient irrespectueusement les enfants, étaient moins redoutés que la voix sèche, calme et sévère de l'honnête professeur. Sachant cela, certains parents débordés l'appelaient à la rescousse. Quand les garçonnets le voyaient redresser sa petite taille en montant sur son estrade, se retourner vers eux les mains agrippées aux revers de son veston et fixer chacun des visages enfantins levés vers lui, les gamins, silencieux, debout devant leur pupitre, les bras derrière le dos, raides, dans leurs blouses noires, baissaient la tête.

« Petits, j'ai appris quelque chose de désagréable... »
Les cœurs s'arrêtaient de battre.

« L'un de vous a manqué de respect à ses parents... »
Les têtes se baissaient davantage.

« J'attends qu'il se dénonce. »
Le maître se taisait, croisait ses bras avec un regard terrible et attendait. Tous se sentaient concernés. Alors le dernier de la classe se levait et traînant ses galoches s'approchait de l'estrade. Le doigt du directeur se pointait.

« Ce n'est pas toi, retourne à ta place et tâche de bien te conduire. »
Soulagé et surpris, le garçon regagnait son banc. Un autre s'avançait, puis un autre, et finalement c'était le tour de celui qu'attendait le père Charretier. Là, ses

yeux lançaient des éclairs, son torse se bombait, sa barbe frémissait et sa voix s'enflait.

« Enfin, te voilà ! »

Le coupable, les jambes molles, les mains moites, le front couvert de sueur, le cœur battant, se traînait jusqu'au pied de l'estrade.

« Monte ! » tonnait la voix du maître.

Qu'elles étaient hautes à monter ces deux marches ! Bien que, dans certains cas, M. Charretier fût à peine plus grand que ses élèves, il leur semblait gigantesque, les dominant de toute la puissance de son pouvoir redoutable. L'enfant devant lui n'était plus qu'une loque. Puis la voix formidable s'élevait, presque douce d'abord, ce qui la rendait encore plus terrifiante.

« Alors petit, on m'a dit que tu avais fait de la peine à ta mère... Comment as-tu osé ? »

La question éclatait, roulait entre les murs de la classe comme le tonnerre annonçant la parole divine.

« On m'a dit que tu faisais couler ses larmes... Maudit celui qui fait pleurer sa mère ! On m'a dit que tu ne soutenais pas le dur labeur de ton père par ton travail... Fils ingrat, qui mange le pain tiré de la sueur du front paternel ! On m'a dit que tu ne respectais ni les biens, ni les personnes... Veux-tu finir au bagne ou sur l'échafaud ? On m'a dit que tu opprimais tes frères et sœurs plus petits que toi, que tu manquais de respect envers les personnes âgées. Lâche qui s'attaque à la faiblesse, aucune punition n'est assez forte pour toi ! Que peut faire la société d'un être aussi répugnant ? Reste-t-il au fond de ton cœur perverti une parcelle d'honneur ? Réponds-moi ? En reste-t-il une parcelle ? »

Depuis longtemps déjà, l'enfant ainsi admonesté n'était plus qu'un tas de larmes. Si la réponse tardait, M. Charretier saisissait le malheureux par les deux oreilles, le soulevant jusqu'à la hauteur de ses yeux, qui plongeaient dans la profonde détresse de ceux de l'enfant et là, avec une réelle inquiétude sous laquelle perçait une profonde tendresse pour sa victime, il répétait sa question :

« Te reste-t-il une parcelle d'honneur ? »

Au prix d'un incommensurable effort, l'enfant, toujours suspendu par les oreilles, le visage barbouillé de larmes et d'encre, murmurait un oui, à peine audible.

Le directeur le reposait doucement et sortait de sa poche un vaste mouchoir, dans lequel il se mouchait à grand bruit avant de le tendre à l'écolier, qui se barbouillait davantage en tentant d'essuyer sa pauvre figure rougie et déformée.

Dans la salle régnait un silence absolu. Alors le maître posait sa main sur la tête de l'enfant. On sentait comme un frémissement parcourir les rangs quand il disait d'une voix contenue, grave et douce :

« Je le savais. »

De toutes les poitrines s'échappait un soupir immense. Dans la salle de classe, la vie revenait, accompagnée de ses bruits quotidiens : raclement des galoches, crayon qui roule, papier froissé, rires étouffés, pupitre fermé, toux.

Le premier moment d'émotion passé, le père Charretier reprenait :

« Je le savais que tu n'es pas un mauvais gars et que tu aimes et respectes tes parents. Les bêtises que tu fais, c'est la fougue de ton jeune sang qui te pousse à les commettre, le temps arrangera les choses. Mais, en attendant, il convient que tu fasses des efforts, car, rien n'est pis qu'un enfant qui fait souffrir ceux qui l'ont mis au monde, l'entourent de leurs soins attentifs et se privent souvent du nécessaire pour qu'il ne manque de rien. Tu leur dois le respect et l'amour, ne l'oublie jamais. Va, et ne recommence pas. »

C'était en général le moment où la femme du directeur intervenait. Elle prenait l'élève ainsi tancé par le bras, l'emmenait dans sa cuisine, et là, selon les saisons, lui donnait un bol de chocolat chaud ou un bonbon. Après lui avoir lavé la figure à l'eau fraîche, la brave femme s'asseyait en face de lui, son ingrat visage tout illuminé de bonté.

« Il ne faut pas en vouloir à M. Charretier, c'est pour ton bien qu'il agit ainsi, pour faire de toi un homme honnête, respectueux de ses devoirs. Plus tard, tu lui en seras reconnaissant. »

Le gamin hochait la tête, réconforté par le chocolat et la voix apaisante de Mme Charretier dite la mère Bigleuse.

Après ces moments intenses, pendant plusieurs jours, les parents n'avaient rien à reprocher à leur progéniture.

A son tour, Thérèse quitta l'école et vint rejoindre Geneviève dans l'atelier de Titine. Ce fut un supplice pour la plus turbulente des filles de Blanche. Elle qui ne pouvait rester assise plus de cinq minutes était maintenant vissée sur une chaise inconfortable, à se piquer les doigts en essayant maladroitement de fixer des fleurs aux chapeaux des dames de la ville. Heureusement, son bon caractère et son entrain lui assurèrent l'amitié de ses compagnes, qui n'hésitaient pas à la débarrasser d'un travail fastidieux. Elle et Jean étaient les préférés de Titine, qui lui disait souvent :

« Tu seras mon héritière, avec ton frère. »

Aussi la vieille fille se montra-t-elle indulgente devant son exubérante apprentie.

Ce fut elle qui fut chargée de livrer les chapeaux. Les clientes l'adoraient tant son rire, sa joie de vivre étaient communicatifs.

« Tu en as mis du temps pour aller jusqu'à la rue des Récollets », lui disait Titine.

En effet, la moindre livraison lui prenait un temps anormalement long. A tout instant, elle rencontrait une connaissance de ses parents, une ancienne camarade de classe, une compagne des Enfants de Marie, M. l'archiprêtre ou Monsieur Georges, le libraire, homme original et bon qui portait du mois de novembre au mois d'avril une barbe hugolienne. Le reste du temps, la tête et le visage rasés, les pieds éternellement chaussés de sabots de noyer sculptés et soigneusement cirés, il fumait sa pipe de terre à l'entrée de son magasin. L'hiver le voyait vêtu d'un confortable costume de velours côtelé marron qu'il échangeait l'été contre un autre de toile grise. Un canotier protégeait son crâne luisant des rayons du soleil.

« Alors, petite, tu vas voir ton amoureux? »

La petite pouffait et répondait en riant :

« J'ai bien le temps de m'intéresser à ces choses-là.

— Le temps, le temps, bougonnait-il, il va plus vite que toi, ma jolie, souviens-toi des mots du poète : « Cueillez dès aujourd'hui les roses de la vie »...

— Que racontes-tu à cette enfant? disait Mlle Julie, surgissant derrière son frère. N'as-tu pas honte de lui mettre de telles idées en tête! »

Mlle Julie avait eu des malheurs, comme on disait. Un chagrin d'amour dont elle ne s'était jamais consolée. Puis elle avait failli mourir de la typhoïde. A la suite de cette maladie, ses cheveux étaient tombés, et, depuis, elle portait une perruque. Elle avait reporté tout son amour sur son frère et ne vivait que pour lui. Les enfants du quartier l'adoraient, car elle était bonne et généreuse en images et en bonbons.

Thérèse repartait, s'arrêtait à nouveau pour échanger des plaisanteries avec son camarade d'enfance, Maurice, le fils des grainetiers, puis avec Jean B., qui était commis à l'épicerie du boulevard. Elle faisait ensuite un arrêt devant la vitrine du père Boué, le marchand d'habits, et celle du père D., le roi des choux à la crème, qui lui disait :

« Viens donc manger un chou, ma petite Thérèse, ils sont frais de ce matin. »

Gourmande, Thérèse ne se le faisait pas répéter et se barbouillait de la crème onctueuse jusqu'aux yeux en poussant de petits soupirs de satisfaction. Elle remerciait gentiment le pâtissier et repartait légère, son carton à chapeaux sur le bras. Passant devant le bazar, si elle apercevait sa mère à la caisse, elle ne pouvait pas faire autrement que d'entrer l'embrasser. Blanche essuyait les traces de sucre qui restaient sur le nez de sa fille, redressait son chapeau qu'elle avait toujours de travers.

« Ne t'attarde pas, ma chérie. Titine ne serait pas contente. »

Il y avait déjà une heure que la jeune coursière était partie et elle n'avait guère parcouru plus de cinquante mètres. Il fallait se faire une raison, une livraison faite par Thérèse ne durait pas moins de deux heures.

Certaines denrées commençaient à manquer : l'hiver 1915-1916 vit apparaître les premiers pains aux pommes de terre, la viande se fit plus rare sur les tables familiales, le café et le thé disparurent peu à peu, les chaussures devinrent de mauvaise qualité, le charbon manqua. La guerre durait.

VII

En mai 1916, Paul, un des amoureux de Geneviève, partit au front. Elle l'accompagna jusqu'à la gare et regarda s'éloigner ce train chargé de jeunes hommes, dont certains ne reviendraient jamais, avec un soulagement dont elle eut honte : André, lui, ne partait pas. Quand son tour viendrait, la guerre serait finie depuis longtemps.

Sur le chemin du retour, dans la douceur de cette fin d'après-midi de printemps, la jeune fille se sentait libre, pleine de joie de vivre. Tout en marchant, élégante dans son tailleur bleu pâle, souriante sous le chapeau à larges bords, elle faisait des projets d'avenir : elle épouserait André dès la fin de la guerre, et s'installerait loin, très loin de sa famille et surtout de celle du jeune homme. Sur le Pont-Neuf, elle s'arrêta, traversée par une pensée qui lui fit mal : aurait-il le courage d'affronter ses parents, de leur dire qu'il la préférait à cette Marguerite si laide qu'ils voulaient lui faire épouser ? Sans sa dot et les terres de son maréchal-ferrant de père, personne n'aurait voulu d'une telle femme. Comment son André, si fin, si délicat, pourrait-il vivre auprès de cette fille tellement commune ? Elle soupira en s'appuyant contre le parapet, regardant couler l'eau de la rivière. Il était merveilleux, mais si faible. Son amour lui donnerait la force de l'imposer, même sans dot à ses parents. Et les siens accepteraient-ils ce mariage? Geneviève savait son père sensible sur la question de la dot et percevait sa peine de n'être pas en mesure d'en donner une à ses filles. Connaissant dans ce domaine l'idée arrêtée de Monsieur et Madame B., son orgueil ne l'empêcherait-il pas d'encourager la demande d'André? En parler à sa mère? Jamais elle n'oserait. A ses sœurs? C'étaient encore des enfants. Que la vie était donc compliquée, alors qu'elle pourrait couler doucement comme l'eau de la Gartempe! Une larme glissa sur sa joue et s'écrasa sur sa main gantée de gris. La jeune fille redressa sa jolie taille. Sept heures du soir sonnèrent à Notre-Dame et à Saint-Martial. Elle traversa le pont et pressa le pas. Son père n'aimait pas que l'on soit en retard aux repas.

Cette année-là, les femmes des morts, celles qui passaient de maison en maison pour annoncer les décès, l'heure des enterrements et des messes, eurent bien du travail. Presque pas de jours où l'on n'apprît la mort de tel ou tel soldat. Dans les rues, on croisait de plus en plus souvent des femmes en grand deuil. Dans les églises, tous les soirs, des prières étaient organisées. Les demoiselles P. étaient assidues à cet office du cœur. Pour être tout à fait exact, cette cérémonie leur servait de pieux prétexte pour échapper à la surveillance un peu tatillonne de leur père et pour se promener, escortées par des garçons, sur la route de Limoges. On rapportait bien à Monsieur P. qu'on avait vu ses filles « traîner », il ne s'en inquiétait guère, convaincu que Titine, qui était de toutes les prières, ne les quittait pas un seul instant. Il avait tort, car la vieille demoiselle, se plaignant de ses cors, s'asseyait, en compagnie d'autres bigotes, sur un des bancs de l'entrée de la route de Limoges et attendait, en médisant un peu sur les uns et les autres, le retour des jeunes filles confiées à sa garde. Si, au cours de ces promenades, quelques baisers furent échangés, ils restèrent bien chastes. Geneviève retrouvait André et Thérèse, Jean. Gogo, trop jeune encore, était un chaperon autrement vigilant que Titine. Rien n'échappait à la maigre gamine, et les deux aînées redoutaient ses moqueries plus que tout.

Quand les premiers trains chargés de blessés arrivèrent, Léon se porta volontaire pour aider à leur transport jusqu'à l'hôpital. De lourds chariots tirés par des chevaux furent aménagés, permettant de glisser trois brancards les uns au-dessus des autres. Geneviève accompagna quelquefois son père, mais de voir tous ces hommes, souriant malgré leurs horribles blessures ou gémissant comme des enfants, la bouleversait tellement que Léon préférait la laisser à la maison faire de la charpie en compagnie des femmes du quartier et emmener Thérèse, dont la gentillesse un peu brusque et la bonne humeur étaient pour les blessés un rayon de joie après tant de souffrances. Elle allait de l'un à l'autre, redressant un oreiller, relevant une couverture, soutenant une tête, tenant une main, amenant un sourire aux lèvres des plus atteints et faisant rire les autres tant ses mimiques et ses reparties étaient drôles. Mais le soir, dans leur grand lit, Gogo sentait le corps de sa sœur trembler contre le sien et ses gémissements traverser l'épaisseur des couvertures rabattues sur elle. La petite s'asseyait et, à la lueur de la veilleuse, écartait les draps et forçait la pauvre Thérèse à se retourner. Le joli visage tout chiffonné et barbouillé de larmes apparaissait. Gogo relevait les noirs cheveux mouillés, essuyait les joues avec un coin du drap, manifestant une douceur rare chez elle. Alors, Thérèse se mettait à parler, elle racontait les jambes arrachées, les bras manquants, les ventres ouverts, les yeux crevés, les visages détruits, les mains disparues qui se tendaient vers elle, et l'odeur qui montait de ces corps mutilés. Dieu ne devrait pas permettre ça, Dieu n'était pas bon.

Ses larmes coulaient à nouveau à l'horrible évocation. Très vite Gogo ne pouvait plus retenir les siennes. C'est en pleurs qu'elles s'endormaient dans les bras l'une de l'autre, le sommeil troublé par des cauchemars qui, quelquefois, les dressaient, hurlantes, sur leur lit. Blanche et Léon, alertés par leurs cris, se précipitaient, les berçaient comme des bébés et ne les quittaient qu'endormies. Ils regagnaient leur chambre une lampe à la main, semblables à des fantômes dans leurs longues chemises de nuit. Avant de se recoucher, Blanche vérifiait que chacun de ses autres enfants était bien couvert et, tremblante de froid, se blottissait contre son mari en disant :

« Quand tout cela se terminera-t-il, mon ami ?

— Bientôt, ma bonne », répondait-il en lui baisant le front avant d'éteindre la lampe.

Georges, un de leurs cousins un peu plus âgé que Geneviève, blessé, vint passer quelques jours de convalescence à Montmorillon. Pour le distraire, son oncle, sa tante et ses cousines organisèrent des réunions dansantes, des soirées musicales ou théâtrales. Gogo obtint un grand succès en déclamant un interminable poème, *La Dépêche*, à la gloire de nos vaillants soldats. Elle termina en larmes et fut longuement applaudie. Les trois sœurs jouèrent sans fausses notes sur leurs violons et mandoline un air de *L'Arlésienne*; Jean, déguisé en prestidigitateur, fit des tours de cartes, mais ne réussit pas, à son grand désappointement, à faire disparaître sa poule naine noire dans son chapeau haut-de-forme. Les rouleaux soigneusement manipulés par Léon permirent aux jeunes gens de danser. Les trois semaines que Georges passa à se reposer furent les plus gaies de la guerre. Par la suite, Léon interdit à ses enfants de faire de la musique tant que la guerre ne serait pas terminée. Peu de jours après le départ de Georges, Paul vint en permission. Il avait beaucoup maigri et Geneviève trouva que cela lui allait bien. Le jeune homme se plaignit de n'avoir reçu que quelques cartes postales de son amie. Elle convint qu'elle ne lui avait pas beaucoup écrit, ne sachant quoi lui dire. Il l'enveloppa d'un regard si triste qu'elle en eut du remords et lui donna pour se faire pardonner une écharpe qu'elle destinait à un filleul de guerre. Il fut tellement ému du cadeau, qu'elle n'osa pas le détromper quand il lui demanda :

« C'est pour moi, en pensant à moi que tu l'as tricotée ? »

Au bout de ses dix jours de permission, elle le vit partir avec soulagement. Durant tout ce temps, pas un seul instant, elle n'avait pu être seule avec André. Où qu'elle allait, Paul y était, la dévorant des yeux, silencieusement.

La petite Dédette allait sur ses trois ans et ne marchait toujours pas malgré les prières et les médailles de Titine.

« Il faut emmener cette enfant à Lourdes ou à Lisieux », ne cessait-elle de répéter.

Comme on lui faisait remarquer que la guerre ne permettait pas de tels voyages, elle se replongeait dans ses prières. Un jour, elle entendit dire que la Vierge de l'église de Journet, à une dizaine de kilomètres de Montmorillon, était réputée guérir de la peur. C'était exactement ce qu'il fallait à Dédette car, quoi d'autre que la peur empêchait la petite fille de lâcher la jupe de sa mère et de marcher ? Ainsi agrippée, l'enfant montait et descendait n'importe quel escalier, courait même. Dès que ce soutien se dérobait, elle se laissait tomber et rien ne pouvait la remettre debout. Pour

avoir la paix, Blanche accepta d'aller en pèlerinage à
Journet avec Titine. Thérèse et Gogo les accompagnè-
rent tandis que Jean et Néné restaient sous la garde de
Geneviève.

Ce court voyage ressembla à une véritable expédi-
tion. On embarqua dans le train la voiture d'enfant,
paniers pour le pique-nique, couvertures, pliant pour
Blanche qui était à nouveau enceinte, et parapluies —
on ne savait jamais, bien que le temps soit beau on
était quand même à la fin du mois d'octobre. Le voyage
dura une heure.

A Journet, les paysannes en grande tenue et coiffes à
longs rubans, quelques « dames » de la ville et enfants
vêtus de blanc attendaient le début de la cérémonie,
qui consistait en une procession autour de l'église derrière le curé et les enfants de chœur en chantant des
cantiques et en priant à haute voix. La procession faisait le tour de l'église à trois reprises, s'arrêtant chaque
fois devant l'autel dressé face à la porte, où était
exposé le Saint Sacrement.

A tour de rôle, Blanche, Titine, Thérèse et Gogo por-
tèrent Dédette, qui, les mains jointes, suivait tout cela
avec le plus grand sérieux, son mignon visage disparaissant sous les dentelles de son bonnet. Quand son
tour d'être bénie par le prêtre arriva, elle lui dédia un
si merveilleux sourire que le vieux curé, ému, tapota la
petite joue en disant :

« Va, petite, le Bon Dieu te guérira. »

Il la bénit, puis remit à la mère une médaille.

Titine, convaincue de l'efficacité de la cérémonie,
voulait que l'on tentât l'expérience sur-le-champ. Blanche refusa énergiquement de se donner, disait-elle, en
spectacle. La pieuse demoiselle dut attendre que l'on
soit installé pour le pique-nique à l'écart des autres
familles, pour que Blanche veuille bien mettre sa fille à
l'épreuve. Hélas ! comme à chaque fois, dès qu'elle sen-

tit les mains de sa mère l'abandonner, l'enfant se laissa tomber!

Ce fut en silence et avec tristesse que l'on mangea le contenu des papiers préparés la veille dans la joie.

Dans le train du retour, ne voulant pas s'avouer vaincue et Dieu avec elle, Titine annonça qu'elle ferait une neuvaine à sainte Thérèse de l'Enfant Jésus. Dès ce soir, elle écrirait à la supérieure du Carmel de Lisieux pour avoir une médaille ayant touché le tombeau de la Sainte et un morceau de sa robe de bure.

Blanche, lasse, détourna la tête pour cacher ses larmes.

A leur arrivée, elles apprirent la mort affreuse, dans le Hoggar, du père Charles de Foucauld — mort qui souleva l'indignation des catholiques fervents comme des athées. Les élèves de l'Institution Saint-M. furent consignées durant plusieurs jours pendant la récréation du matin afin de prier pour le repos de l'âme du saint martyr.

Depuis le début de l'année, il y avait une nouvelle bonne qui remplaçait Marie-Louise, devenue trop vieille. C'était une jeune réfugiée belge, Charlotte, qui était sans nouvelles de ses parents depuis le début de la guerre. Très gaie, chantant tout le temps en plusieurs langues, elle était adorée des enfants. Malgré son âge, Blanche lui fit rapidement confiance et se reposa sur elle des soins du ménage, que sa grossesse, un peu difficile, lui rendait pénibles.

VIII

Un matin de janvier 1917, les enfants furent tirés très tôt de leur sommeil par des cavalcades dans l'escalier et les voix de leur père, de Titine et de la bonne.

« Faites bouillir de l'eau!... Allez chercher Madame C., criait Léon.

— Réveillez les petites, je m'occupe de Jean! » criait Titine.

Charlotte poussa la porte des filles, qui se blottirent en riant sous leurs couvertures.

« Il fait trop froid, je ne veux pas me lever, disait Gogo.

— Veux pas aller à l'école, veux dormir, pleurnichait Néné.

— Fais pas ta sotte, bougonnait Thérèse, en aidant sa petite sœur à enfiler sa robe, sinon j'appelle le loup.

— Non, non, pas le loup! hurlait Néné en s'agrippant à la tête du lit.

— Mademoiselle Thérèse, ce n'est pas bien de faire peur à votre sœur, disait Charlotte en prenant la petite dans ses bras.

— Où sont mes chaussures? Personne n'a vu mes chaussures? demandait Geneviève, à quatre pattes, en regardant sous les lits.

— Alors, les filles, toujours en retard! claironnait Jean en entrant dans la chambre.

— Chut! faisaient-elles en chœur.

— Couvrez-vous bien, il fait très froid », disait Titine entrant dans la pièce en désordre, portant Dédette enveloppée dans un châle et dont on ne voyait que les yeux noirs.

Tout le monde, enfin prêt, essayait de descendre les escaliers sans bruit.

« Pourquoi faut-il se lever si tôt? chuchotait Gogo.

— Comme si tu ne le savais pas, murmurait Thérèse en donnant une bourrade à sa sœur.

— Aïe, tu m'as fait mal!

— C'est pas bientôt fini ce boucan? » grondait le père au-dessus de leurs têtes.

Dans l'entrée, la petite troupe croisa Madame C., qui retirait son manteau. Elle se frotta les mains l'une contre l'autre avec vigueur.

« J'espère qu'il m'a attendu, le petit bougre.

— Madame C., pas devant des jeunes filles, minauda Titine, le chignon de travers.

— Vous en faites pas pour elles, ça n'a pas les yeux dans sa poche à cet âge-là. C'est pas comme vous qui ne voyez jamais rien, pas vrai, petites? »

Les « petites », ainsi interpellées, se tortillaient en ricanant sottement.

« Sont-elles bêtes, ces sacrées dindes-là! » jeta Jean avec un air de total mépris.

Les « dindes » n'eurent pas le temps de répondre, Madame C. les poussait dehors.

Vers le début de l'après-midi, Madame C., l'air fatigué mais content, vint leur annoncer :

« C'est un petit frère... »

Des cris de joie saluèrent l'importante nouvelle. Jean commenta l'événement à sa façon :

« C'est pas trop tôt, je commençais à en avoir marre des drôlières ! »

La sage-femme éclata de rire, en disant :

« Tu ne diras pas toujours ça.

— On peut le voir ? demandèrent ensemble Thérèse et Gogo.

— Bien sûr, mais ne faites pas trop de bruit pour ne pas fatiguer votre maman. »

Blanche, souriante, un peu pâle, trônait dans son lit aux draps brodés soigneusement tirés. Près d'elle, Léon, visiblement ému, tortillait ses moustaches. Sans un regard pour leur mère, les enfants, grands et petits, se précipitèrent autour du berceau. Sous le voile de tulle reposait le plus joli bébé que l'on puisse voir.

« Ce sera l'enfant de la paix, dit Léon en s'approchant, fier d'avoir un nouveau fils. On baptisa le petit garçon André, mais très vite son frère et ses sœurs l'appelèrent Dédé. »

Enfin Titine reçut de Lisieux les reliques tant attendues. Elle tint à les coudre elle-même au corset de Dédette et, satisfaite, commença sa neuvaine. Le dixième jour, le miracle eut lieu : Bernadette lâcha les jupes de sa mère et marcha vers le chien Muscat. Titine triomphait, Blanche serra sa fille contre elle : pleurant et riant à la fois, Léon était trop heureux pour ternir ce bonheur par son scepticisme à l'égard des choses de la religion.

« Dès que la guerre sera terminée, j'emmènerai cette enfant à Lisieux pour remercier la petite sainte d'avoir accompli ce miracle », dit Titine.

Le calme de la sous-préfecture, déjà troublé par l'arrivée des convois de blessés, fut complètement perturbé par la venue des soldats américains, dont la plupart étaient noirs, ce qui étonna plus d'un habitant — bien peu avaient dépassé les limites du département. Certains, cependant, se souvenaient encore d'avoir vu Buffalo Bill et ses Indiens à Poitiers en 1903. Mais ces Américains-là étaient bien différents. Quel drôle de pays ce devait être que l'Amérique, qui avait des habitants blancs, emplumés, ou tout noirs comme les mannequins nègres de la vitrine du marchand d'habits, le père Cerf! Ces mannequins plurent tellement aux jeunes soldats — en majorité noirs — qu'ils s'attroupaient en riant devant la boutique.

Très vite, la ville adopta les nouveaux venus. Toutes les jeunes filles voulaient avoir leur Américain, même les femmes mariées descendaient dans la rue pour les acclamer quand ils défilaient au son de leur musique, que l'on trouvait bizarre mais si entraînante. Celui de Geneviève fut un grand Noir de La Nouvelle-Orléans qui semblait avoir tout un orchestre dans le corps : il s'agitait continuellement en parlant d'une voix traînante, sans cesser de claquer des doigts. Thérèse eut un mime étonnant, très laid mais si drôle qu'on ne voyait plus sa laideur, boulanger dans le civil. Celui de Gogo était timide et romantique et voulait apprendre le français pour lire les poètes. Il avait dix-sept ans. Les trois sœurs avaient acheté un dictionnaire français-anglais et essayaient, avec l'aide de leurs protégés, de baragouiner leur langue. Par sa joliesse dodue, malgré ses six ans, Néné touchait le cœur de la plupart. Si elle n'eut ni indigestion ni crise de foie dues aux innombrables tablettes de chocolat qu'ils lui donnaient, ce fut grâce à sa robuste nature et, surtout, à Jean, qui les lui raflait dès qu'il eut trouvé sa cachette.

Pour ce garçon de huit ans, l'année 1917 fut sans doute la plus drôle et la plus mouvementée de son enfance. Dès l'école finie, il disparaissait, oubliant fréquemment de rentrer dîner, réapparaissant vers dix heures du soir. Rien n'y faisait, ni les tendres gronderies de Blanche, ni celles de Titine, ni les coups de ceinture de Léon, ni même les sermons redoutés du père Charretier. Jean vivait à l'heure américaine. Chacun de ses moments libres, il les passait au camp militaire, furetant sous les tentes, dans les cantines, manipulant les armes. Ses nouveaux amis lui apprirent à tirer, ce qu'il fit bientôt avec une rare habileté. Son meilleur copain était le chef-cuistot, sorte de géant au torse nu luisant de sueur enveloppé dans un large tablier kaki. Sa face noire s'illuminait quand il voyait le gamin venir renifler au-dessus de ses chaudrons d'où montait un lourd fumet. Habituellement délicat, Jean ne refusait jamais une assiettée ni le gros morceau de pain blanc qu'il partageait quelquefois avec Néné.

La grosse Néné, comme il l'appelait, était, après les camarades de son âge, son habituelle compagne de jeu et surtout son souffre-douleur préféré : il la battait, lui tirait les cheveux, l'attachait aux poutres du grenier, l'enfermait dans les malles, s'asseyait dessus et écoutait avec ravissement les appels étouffés de sa sœur. Quand il la délivrait, la malheureuse était au bord de l'évanouissement et lui promettait tout ce qu'il voulait pour ne plus être enfermée. Pendant quelque temps, leur grand amusement fut de faire la course, le soir, dans le magasin désert, juchés sur des échasses. Ils étaient devenus très habiles à ce jeu. Un jour, Jean lui déclara :

« Tu n'es pas capable de monter les marches de l'estrade avec tes échasses. » La petite fille, qui l'avait fait souvent s'étonna de ce défi, mais, habituée aux lubies de son frère, elle les monta avec aisance.

« Maintenant, redescends. »

Elle redescendit, mais, à la hauteur de la deuxième marche, une des échasses rencontra un obstacle; la fillette perdit l'équilibre et alla s'écraser sur le coin d'un comptoir. Elle resta étourdie un moment, sans bouger. Son frère se précipita et la secoua sans douceur.

« Dis, t'es pas morte... dis ? »

Quand la petite se redressa, lui, le dur, recula en pâlissant. Le jeu avait vraiment mal tourné. Le bas du visage et le cou étaient inondés de sang, la mâchoire inférieure pendait, découvrant les gencives. Néné, les yeux remplis de larmes, le regardait d'un air de reproche.

« Le dis pas à papa... Je t'en prie, le dis pas, tais-toi ! »

Mais la douleur fut plus forte que l'amour de son frère, ses gémissements alertèrent Charlotte qui, soulevant l'enfant, la transporta chez le pharmacien en appelant à l'aide.

Quand Léon vit sa fille, il rugit comme un animal dont on vient de blesser le petit. Avisant Jean, penaud sur le bord du trottoir devant la pharmacie, il pointa vers lui un index accusateur.

« C'est encore un de tes tours, une de tes inventions, bandit !... »

Il s'avança vers son fils en retroussant ses manches, l'air si menaçant que Blanche s'agrippa à lui tandis que Titine entraînait l'enfant de son cœur.

On posa plusieurs points de suture à l'intérieur de la bouche de la pauvre Néné. Sa tête bandée la faisait ressembler à un grand blessé de guerre. Grâce aux visites des Américains, le temps passa vite pour la petite fille, confortablement assise dans le magasin. Jean redoutait le moment où elle pourrait parler et faire le récit de l'accident. Il éprouva un grand soulagement en l'entendant dire qu'elle était seule lors de sa chute. Incrédule, Léon fut cependant bien obligé d'accepter cette vision. Ce n'est que bien des années plus tard que Jean dit à sa sœur, avec le même air moqueur.

« Ce que tu étais gourde, ma pauvre fille, tu ne t'es même pas aperçue que, pendant que tu montais les marches, j'avais tendu une ficelle en travers ! »

Un de leurs jeux favoris était la chasse aux mulots et l'élevage des souris blanches. Les souris blanches qu'ils dressaient servaient à tirer de minuscules chariots ou à faire la course. Les mulots, eux, étaient impitoyablement tués par Jean et dépecés par Néné, qui vidait et lavait les boyaux afin de jouer à la charcutière, faisait sécher les peaux et les tannait pour en faire des chaussures de poupée ou de petits sacs pour ranger les billes.

Après l'accident de sa sœur, Jean se tint tranquille quelque temps, tant il sentait que les propos de Néné n'avaient pas convaincu son père. Léon savait son fils capable des pires tours et redoutait chaque jour de voir apparaître quelqu'un de furieux vociférant contre « ce maudit garnement ». L'archiprêtre avait particulièrement à se plaindre de cet enfant de chœur « inspiré par le diable », disait-il en venant se plaindre à Monsieur P. Petit, il promettait déjà le pire. Très tôt, on avait dû renoncer à le costumer en suisse, en bedeau comme on disait alors, pour les processions, tant il gesticulait, voulant arracher « tiel les oripeaux », les bas blancs qui lui donnaient l'air de fille, le bicorne trop grand pour lui. Seule la hallebarde lui plaisait bien. Et c'était des courses à travers la maison pour rattraper le drôle tout nu qui voulait bien aller à la procession, mais seulement avec la hallebarde. Titine manqua s'évanouir devant cette vision, et on abandonna le projet.

On ne comptait plus les nombreux vitraux cassés au lance-pierre. Jean, il est vrai, était aidé par ses copains. Mais la coupe fut comble, le jour de la fête du Jeudi saint.

Comme chaque année, il y avait la cérémonie du lavement des pieds. On prenait douze garçons de sept ou huit ans parmi les plus sages pour figurer les apôtres. Ils s'asseyaient devant l'autel, se déchaussaient, et le prêtre leur lavait les pieds comme Jésus à ses disciples. Jean, qui ne figura évidemment jamais parmi les enfants choisis, en concevait secrètement une certaine amertume. Aussi, cette année-là, résolut-il de se venger. Avec la complicité de Raoul G., de Maurice P. et de René A., enfants de chœur comme lui, il versa dans l'eau des cruches préparées pour la cérémonie de l'encre noire. Il faisait assez sombre dans l'église, et le prêtre, sans doute distrait, ne remarqua qu'au quatrième apôtre l'étendue des dégâts : les pieds, les linges, les chasubles brodées et jusqu'aux marches de l'autel, étaient maculés de noir. Le prêtre regarda ses mains et promena un regard incrédule sur les enfants, dont la tête baissée cachait mal les rires, puis se retourna mains ouvertes vers l'assistance qui, après un moment de stupeur, laissa éclater son hilarité ou son indignation.

Ce ne fut pas la fessée de son père, ni la punition, ni les remontrances de l'archiprêtre qui marquèrent le plus Jean : ce fut de ne pas avoir eu sa part de brioche bénite après la cérémonie.

A la suite de cette plaisanterie, Jean fut chassé des enfants de chœur. Mais la pieuse Titine ne pouvait pas accepter l'exclusion de celui qu'elle aimait plus que tout. Elle fit si bien que Jean fut réintégré dans la troupe des jeunes servants de l'église. Cela ne lui fit bien sûr aucun plaisir, mais il ne fallait pas contrarier la vieille fille, si utile pour dissimuler absences et bêtises. Tout alla bien jusqu'à la procession de Moussac.

Par un beau jour de juin, la procession partit de l'église Saint-Martial et, par la rue des Croix et la route de l'Allochon, se dirigea vers la vieille chapelle du château de Moussac. Jean marchait en tête, portant la haute croix de cuivre et d'argent, suivi d'une dizaine d'enfants de chœur, des Enfants de Marie, parmi lesquelles Geneviève, Thérèse et Gogo, des communiantes et communiants de l'année, des élèves des écoles libres, des femmes, de quelques hommes et de l'archiprêtre marchant sous un dais porté par quatre messieurs respectables. Tant que l'on fut dans la ville, tout se passa selon la coutume, mais, arrivée dans la campagne, la procession se mit à zigzaguer. Les oiseaux qui volaient haut dans le ciel crurent voir un immense serpent avancer dans le large chemin. L'esprit engourdi par la chaleur, la foule suivait le jeune porteur de croix qui, encouragé par les autres enfants de chœur, allait de droite à gauche pour abattre avec sa haute croix les nids de pies dans les arbres ou dans les buissons. Le prêtre, somnolent sous son dais, fut le premier à s'en apercevoir. Retroussant chasuble, soutane et ornements divers, il remonta en courant la procession, suivi du dais. Sur leur passage, les fidèles, abasourdis, s'immobilisaient les uns après les autres et s'arrêtaient de chanter. L'archiprêtre arriva près du groupe des enfants de chœur qui gesticulaient avec des cris d'encouragement :

« Allez ! Vas-y ! Plus à droite...

— Attention, tu y es presque !...

— Pousse à gauche, maintenant...

— Sacré fi garce, il est bien accroché tiou-là !

— Tu y es !

— Ahhh !.. »

Un énorme cri s'échappa de la bouche des gamins.

« J'l'ai eu, c't'enfant d'put !... »

Jean, bouche ouverte, yeux écarquillés, tenant planté au bout de la croix un nid de pies, ne put terminer sa phrase. Le regardant avec des yeux de jugement dernier, l'archiprêtre, rouge, au bord de l'apoplexie, se tenait devant lui, les vêtements en désordre, entouré des quatre messieurs respectables qui, avec précautions, déposèrent le dais puis s'avancèrent vers Jean en retroussant leurs manches. Ce fut Titine qui sauva une nouvelle fois la situation en se jetant aux pieds du prêtre.

« Pardonnez-lui, monsieur l'archiprêtre, pardonnez-lui, il ne sait pas ce qu'il fait. La chaleur... le chemin... »

D'un geste d'apaisement, le pauvre homme repoussa Titine et, sans trouver la force de réprimander le perturbateur, accablé remonta la procession en épongeant son cou et son front avec un large mouchoir à carreaux. Pour la première fois de sa vie, Titine gifla Jean. Sa surprise fut telle que le gamin en laissa tomber la croix. Repoussant les mains qui se tendaient pour la ramasser, Titine s'en saisit, arracha le nid encore accroché et le lança avec vigueur dans le fourré. Elle baisa avec respect le corps d'argent puis, avec un geste d'une grande autorité, remit la croix aux mains du garnement, foudroyant du regard celui ou celle qui se serait permis le moindre commentaire. Poussant son protégé devant elle, suivie de la foule qui avait repris ses cantiques, Titine, son chapeau de travers sur son chignon à-demi défait, les larmes aux bords des yeux, suppliait Dieu de bien vouloir pardonner à son mauvais garçon.

Arrivée à la chapelle de Moussac, la procession se répartit de chaque côté du petit bâtiment, laissant le prêtre pénétrer le premier dans le sanctuaire.

Dans l'ordonnancement de la cérémonie, Jean devait venir se placer avec sa croix tout de suite derrière l'homme de Dieu, mais celui-ci l'arrêta.

« Reste ici, tu as fait assez de bêtises aujourd'hui. »

Les épaules voûtées, le vieil homme passa la porte suivi des enfants de chœur et des fidèles, qui tous regardaient Jean sans la moindre indulgence. Ses sœurs, rouges comme des coquelicots, n'osèrent lever les yeux. Intérieurement, il leur tira la langue.

Les portes se refermèrent, le fils de Blanche se retrouva seul avec pour compagnie les poules, les oies et les canards de la ferme voisine habitués à l'herbe grasse qui poussait autour de la chapelle.

Longtemps, Jean resta assis sur le bord d'un sarcophage mérovingien qui servait à recueillir les eaux tombant du toit les jours de pluie, le front appuyé à la hampe de la croix, qu'il tenait dressée devant lui. Son immobilité était telle qu'une oie saisit dans son bec le bas de sa soutane rouge. Enhardie par cette impassibilité, l'oie tira le tissu rouge. Bien que léger, ce mouvement déséquilibra l'exclu qui se cramponna au long manche.

« Sacrée bougresse! » fit-il en levant la croix au-dessus du volatile qui s'éloigna en cacardant suivi de ses congénères.

Ce rappel à la réalité le mit hors de lui. Brandissant le symbole chrétien, il s'élança à leur poursuite : ce fut un carnage.

Quand les fidèles sortirent, le pré était jonché de plumes blanches, rousses et grises, et, de-ci de-là, des corps massacrés des volatiles. Abandonnée, la croix gisait, maculée de duvet et de sang. De l'enfant de chœur révolté nulle trace.

Titine calma la juste colère des paysans propriétaires des animaux en leur promettant une grosse somme pour les dédommager et les implora de ne pas porter plainte en arguant de l'honorabilité de la famille du jeune vaurien. Un des porteurs du dais, ami de Léon, confirma les dires de la vieille demoiselle en larmes. Les paysans cessèrent alors de parler de gendarmes.

Ce n'est que tard dans la nuit qu'on eut des nouvelles de Jean. Monsieur V., retraité habitant route de Saint-Savin, l'avait découvert recroquevillé dans sa barque de pêche amarrée sur la Gartempe au bas de son jardin. Il l'avait porté chez lui, trempé, grelottant de fièvre. Avec l'aide de sa femme, il lui avait retiré son surplis en lambeaux et sa robe mouillée et l'avait couché dans un grand lit. En larmes, le fugitif avait raconté à sa façon les événements de la journée et avait supplié ses protecteurs de le cacher, de ne prévenir ni les gendarmes, ni ses parents. Pour le calmer, ils avaient promis tout ce qu'il voulait. Rassuré, il avait bu une tisane brûlante et s'était endormi. Madame V., qui était à la procession, voulait que son mari aille à la gendarmerie.

« Il n'en est pas question, il nous a fait confiance, ce serait le trahir », répondit fermement celui qui allait devenir le meilleur ami de Jean.

Assis sur le bord du lit, Monsieur V. contempla, songeur, le garçon dont le sommeil agité révélait l'angoisse. Il se sentait ému malgré lui devant la douceur, la vulnérabilité de ce visage d'enfant endormi. Brusquement, il se leva et sortit de la chambre en faisant signe à sa femme de rester là.

Ce qu'il dit au père fou d'inquiétude et de colère, nul ne le sut jamais. Monsieur V. obtint de garder Jean chez lui, le temps que les esprits s'apaisent. Durant ces quelques jours, l'homme et le jeune garçon apprirent à se connaître et ébauchèrent une amitié qui devait s'avérer durable. Monsieur V., qui aimait les livres, essaya d'en donner le goût à son protégé, mais celui-ci préférait nettement les journaux du fils de la maison dans lesquels il pouvait lire les aventures des Pieds-Nickelés — aventures qui lui inspirèrent, par la suite, quelques-unes de ses farces les plus mémorables. Hélas ! tout a une fin. Le père V., comme l'appelait Jean, le raccompagna chez ses parents. Blanche serra son fils contre elle en l'appelant « mon pauvre petit ». Léon le baisa au front et lui dit d'un air triste et sévère :

« Tu nous as fait bien de la peine à ta mère et à moi. Essaie de ne plus recommencer. »

Cacha-t-il ses larmes ou un sourire narquois quand il baissa la tête ? Ses sœurs, d'abord intimidées, se jetèrent sur lui avec des manifestations qu'il jugea déplacées. Puis ce fut le tour de Titine qui murmura en pleurant :

« J'ai tant prié pour toi. »

L'archiprêtre pardonna également, mais ne fit plus

appel aux services de cet enfant de chœur diabolique que dans des circonstances exceptionnelles.

Sans doute, la déesse qui règne sur les basses-cours voulut-elle punir un si cruel enfant. Un jour, Jean ne retrouva pas Câline, sa poule naine tendrement aimée, cadeau d'un de ses amis de rapines. Toute la journée, il alla demander aux voisins s'ils n'avaient pas vu une toute petite poule noire. Partout la réponse était négative.

La nuit allait tomber quand on s'avisa que le chien Muscat n'avait pas bougé de sa niche depuis le matin. On essaya de le déloger en l'appelant, en tirant sur sa chaîne, en lui présentant un bel os... rien ne le faisait bouger, il restait obstinément couché, la tête baissée. Ce fut la petite Dédette qui, du haut de ses trois ans, réussit en lui parlant tout bas à l'oreille à le faire sortir. Jean se précipita à quatre pattes dans la niche cherchant à tâtons sa poulette. Sa main rencontra enfin les douces plumes noires. Mais, pourquoi ne bougeait-elle pas, elle qui chaque fois lui faisait fête ? Il la souleva. Comme elle était lourde, raide ! Soudain, il comprit et poussa un cri. Lui qui avait tué tant de mulots, de souris, d'oiseaux, venait de reconnaître la mort. Serrant contre lui le petit corps inerte, il sortit de la niche, le visage bouleversé, en larmes, et alla se réfugier dans le jardin sous l'appentis où l'on rangeait le bois. On le laissa seul, sentant que rien ne pouvait adoucir ce premier vrai chagrin. Il faisait nuit depuis longtemps, quand Titine, inquiète, alla le chercher. Jean n'accepta de la suivre qu'après qu'elle lui eut solennellement promis un magnifique enterrement pour sa défunte amie. Portant la poule avec précaution, il la coucha dans le lit de la poupée de Néné. Après une nuit peuplée de démons à tête de chien poursuivant des poules noires qui à leur tour le poursuivaient, le garçon se leva les yeux gonflés et, aidé de Néné, enveloppa Câline dans un linceul. Une vieille boîte à gants, don de Titine, servit de cercueil et, à l'heure du déjeuner, toute la famille, bonne et commis compris, assista à l'enterrement. Une fosse creusée dans un parterre accueillit la dépouille. Chacun jeta une poignée de terre. Jean combla le trou et planta une croix faite de deux règles noires ficelées ensemble sur lesquelles il avait écrit, à la peinture blanche, de son écriture malhabile : « Ci-gît Câline, poule noire. » Tout le monde était ému, la Marie-nu-tête – appelée ainsi parce que sous son bonnet elle était chauve – reniflait bruyamment sous le regard ironique de Thérèse. Néné et Dédette déposèrent chacune un bouquet : l'un, de pensées, l'autre, de myosotis. Blanche fit, à voix haute, une courte prière, demandant au dieu des animaux de bien vouloir recevoir Câline dans son paradis. Dans un coin, penaud, Muscat assistait à la cérémonie. Nul ne l'avait grondé après la macabre découverte, sachant bien que c'était par accident qu'il avait étouffé son amie. Il l'avait adoptée dès qu'il l'avait vue, et elle, abandonnant le poulailler aux anciennes, dont la taille lui faisait peur, avait pris l'habitude de dormir avec le chien. Rien n'était plus drôle que de voir ce petit tas de plumes noires entre les grosses pattes grises du bon Muscat. Même l'amitié pouvait tuer, Jean en faisait la triste expérience.

Le vétérinaire, M. Coudeau, qui aimait beaucoup Jean, l'emmena un jeudi dans les fermes où l'appelait son métier, en compagnie d'un de ses camarades, Henri R. dont le père était à la guerre. Les deux gamins ravis de cette escapade et de tous les détails que leur fournissait M. Coudeau sur les soins à donner aux animaux malades se tenaient assis sagement dans la carriole. Ils arrivèrent dans une grosse ferme où les attendait, en gesticulant, une forte femme.

« Venez vite, monsieur, venez vite, la Jaunette est en train de crever !

— Ma bonne Antonine, je la connais, votre vache, ce n'est pas encore ce coup-ci qu'elle va mourir en vêlant, dit en riant le vétérinaire, qui descendit de la voiture sans se presser.

— P'têt ben, dépêchez-vous tout d'même !

— Tenez, les mioches, attachez mon brave Roustan, dit-il en lançant les rênes dans la direction des deux garçons, et allez vous amuser, j'en ai pour une heure ! »

Jean fut plus prompt à saisir les lanières de cuir et, sautant de la voiture, attacha le cheval au tilleul de la cour.

L'hécatombe de Moussac et, davantage encore, la mort de sa poule avaient calmé chez lui le désir de taquiner la volaille. Il laissa donc tranquilles les poulets, les pintades et les canards qui erraient devant la ferme.

« Si on jouait à la guerre ? » proposa Henri.

A la guerre ? Voilà une proposition qu'un garçon de neuf ans vivant en 1917 ne songeait pas à refuser. Ils entrèrent sous un hangar, terrain de combat idéal, et commencèrent à se bombarder de boules de foin, de terre, cherchant abri derrière une charrette, le soc rouillé d'une vieille charrue, des planches vermoulues, des sacs de ciment et des tonneaux éventrés. Dans le feu de la bataille, les adversaires se lançaient tout ce qui leur tombait sous la main. Un cri perçant suspendit l'assaut. Jean sortit de derrière un tas de bûches en se tenant le visage, s'avança en direction de son camarade et s'effondra sur le sol de terre battue.

« Arrête de faire le mort, c'est d'la triche ! » dit Henri toujours caché par le soc de la charrue.

Jean ne répondit pas.

« T'es pas marrant, relève-toi, j'veux continuer. »

Toujours ce silence qui commençait à agacer Henri et à lui faire un peu peur. Avec Jean, on ne savait jamais ce qui allait sortir de ses tours. Peut-être rampait-il sournoisement jusqu'à lui. Henri risqua un œil. Il allait montrer à Jean qu'il pouvait lui aussi rester sans bouger. Mais, peu à peu, leur double immobilité l'effraya. Il sortit de derrière le soc comme un croque-mitaine de sa boîte.

« J'joue plus... j'joue... »

Devant le corps étendu, il se figea brusquement. Tout un côté du visage de son ami était barbouillé de terre et de sang. Qu'avait-il fait ? Ce n'était pas possible ! La boule de terre et de cailloux qu'il avait lancée n'était pas bien grosse. Retrouvant l'usage de ses jambes, Henri se précipita en criant dans la cour :

« Monsieur Coudeau, monsieur Coudeau !... »

Le vétérinaire surgit de l'étable, les mains et les avant-bras couverts de sang qu'il s'essuyait sur un long tablier maculé.

« Qu'y a-t-il ?

— Jean, m'sieur, Jean », balbutia-t-il en montrant le hangar.

En voyant l'expression bouleversée d'Henri, le vétérinaire comprit que quelque chose de grave venait d'arrier.

« Nom de Dieu ! » s'exclama-t-il, quand il découvrit le blessé.

Il le prit dans ses bras et traversa la cour en courant.

« Faites bouillir de l'eau ! cria-t-il à l'adresse de la fermière qui venait vers lui.

— Oh ! mon Dieu », murmura la grosse femme.

Avec précaution, le vétérinaire allongea Jean toujours inconscient sur la longue table de la salle. Puis il ressortit et se lava les mains dans un seau d'eau posé sur un bac de pierre. La femme lui tendit un morceau de savon et une brosse de chiendent avec laquelle il se frotta vigoureusement.

Quand il rentra, Jean n'avait toujours pas repris connaissance. Assis sur un banc, contre la cheminée, Henri sanglotait.

« J'lai pas fait exprès... j'lai pas fait exprès... »

Avec des gestes précis, Coudeau entreprit d'enlever la terre et le sang qui barbouillaient le petit visage pâle; debout près de lui, la fermière tenait une cuvette remplie d'eau bouillie. Le nettoyage terminé, le médecin des animaux examina la blessure. A première vue, elle ne semblait pas bien grave, l'arcade sourcilière était fendue, mais avec deux ou trois points de suture cela ne serait rien.

Le blessé bougea en gémissant tandis que M. Coudeau finissait de nettoyer l'œil avant de l'ouvrir. Tout corps étranger ayant disparu, il écarta les paupières.

« Merde! »

De l'orbite s'échappait un liquide sanguinolent.

« C'est pas bon ça, dit un homme qui était entré depuis un moment, ça m'rappelle l'œil de mon père quand c'te putain de jument lui avait donné un coup de sabot. C'te sale bête lui avait crevé l'œil.

— J'lai pas fait exprès!... j'lai pas fait exprès! cria Henri en sanglotant de plus belle.

— Je ne crois pas que l'œil soit crevé. Je vais l'emmener à l'hôpital, ici je ne peux rien faire. »

Il terminait un pansement de fortune quand Jean revint à lui. De son œil valide, il regarda autour de lui et tenta de s'asseoir. Le vétérinaire l'en empêcha.

« Bouge pas, petit! »

Jean n'obéit pas, se souleva et retomba en poussant un cri de douleur.

« Je t'en prie, ne bouge pas, tu t'es blessé en jouant. Je vais te conduire à l'hôpital. »

Il l'enveloppa dans une couverture brune prêtée par la fermière et l'emporta dans sa carriole.

Accroupi près de lui dans le fond de la voiture, la tête de son ami sur les genoux, Henri pleurait.

« Tu n'as pas trop mal ? demandait M. Coudeau en se retournant de temps en temps.

— Non, ça va, fanfaronnait Jean, auquel les cahots du chemin arrachaient parfois un gémissement.

— Bravo, tu es un vrai soldat ! » plaisantait le conducteur.

Quand ils parvinrent à Montmorillon, Jean s'était à nouveau évanoui. M. Coudeau courut à travers les couloirs de l'hôpital en portant le blessé.

« Vite, appelez le docteur Quincy ! cria-t-il.

— Il est dans son bureau, il vient de terminer une opération, dit l'infirmière en chef. Conduisez le petit en salle 3, je préviens le docteur. »

— Faites prévenir aussi les parents, Monsieur et Madame P.

— Ne vous inquiétez pas, je m'en charge. »

Quand Blanche et Léon arrivèrent à l'hôpital, ils trouvèrent le vétérinaire qui faisait les cent pas devant la porte de la salle d'opérations en fumant cigarette sur cigarette.

« Où est-il ? cria la mère.

— Que s'est-il passé ? » demanda le père.

Brièvement, il leur expliqua.

« Mon Dieu ! sanglota Blanche.

— C'est grave ? fit Léon.

— Je n'en sais rien, le docteur Quincy l'examine. »

Au bout d'un quart d'heure, le chirurgien sortit. Il regarda, silencieux, les visages inquiets tendus vers lui.

« Alors ? » s'impatienta M. Coudeau.

Le médecin eut un geste dubitatif.

« L'œil n'est pas crevé, mais les lésions semblent sérieuses. Il est trop tôt pour se prononcer. »

Appuyée sur Léon, Blanche pleurait.

« Vous pouvez aller le voir, l'infirmière va vous

conduire. Bien entendu, je le garde ici le temps qu'il faudra. »

Quand les parents eurent disparu derrière l'infirmière, M. Coudeau se tourna vers son ami.

« C'est si grave que ça ?
— Je le crains. »

Jean resta quinze jours à l'hôpital. Il occupa ses longues journées à lire de son œil bien portant les journaux relatant les exploits des aviateurs français. Il ne se lassait pas de feuilleter la pile de *J'ai vu* que lui avait apportée Monsieur V. : *A vingt-trois ans, l'as des as, le capitaine Guynemer, vient de recevoir la rosette d'officier de la Légion d'honneur. Le jour où, en présence de cette escadrille célèbre qui ne compte que des héros, le glorieux aviateur recevait cette décoration des mains du général Franchet d'Esperey, commandant le groupe des armées du Nord, il comptait quarante-cinq victoires, vingt-deux citations, deux blessures.*

Ah! si la guerre pouvait durer quelques années encore, on verrait s'il ne serait pas aussi courageux que Guynemer, ou que le Belge Edmond Thieffry, ou que Nungesser dont on avait vendu aux enchères, à Londres, le képi pour 2500 francs au profit de la Croix-Rouge, ou que le père Dorme, tué en combat aérien. Les as allemands pouvaient déjà compter leurs abattis. De toute façon, guerre ou pas guerre, il serait aviateur.

Quand il quitta l'hôpital, un bandeau noir lui barrant le visage, le garçon affamé de gloire ne savait pas encore que son œil était mort.

Dans le grenier, blottie dans les bras d'André, Geneviève sanglotait.

« Je ne veux pas que tu partes... je ne veux pas que tu meures... » hoquetait-elle.

Le garçon, troublé par ce corps qui s'abandonnait contre lui, essayait maladroitement de la consoler.

« Ne pleure pas, je t'en prie. Avant la fin de l'année, la guerre sera finie...

— Cela fait trois ans que mon père dit ça, releva-t-elle avec colère.

— Oui, mais cette fois, c'est vrai. Tu ne lis pas les journaux ?

— Si, et alors ? Ils mentent tous. »

Il haussa les épaules, profitant de la situation pour couvrir de baisers son cou, ses lèvres.

« Arrête ! Comment peux-tu penser à m'embrasser alors que, peut-être, tu vas mourir ?

— Justement, j'aime mieux en profiter avant.

— Oh ! tais-toi !... Tais-toi ! »

Follement, elle lui rendit ses baisers, souhaitant que la vie s'arrête tant son angoisse était grande. Elle trouva cependant la force de repousser celui qu'elle considérait comme son fiancé.

« As-tu parlé à tes parents de notre mariage ? »

Il s'écarta d'elle, agacé. C'était bien le moment de parler de choses embêtantes. Comment lui dire que ses parents ne voulaient pas entendre parler d'elle puisqu'elle n'avait pas d'argent ni aucune espérance d'en avoir autrement que par son travail. Dotée, la jolie Geneviève, fille de l'honnête monsieur P., leur eût paru un parti inespéré pour leur fils, mais sans dot, c'était pire qu'une tare. Au silence du jeune homme, Geneviève comprit qu'il avait une nouvelle fois manqué de courage. « Eh bien, ça va être joli à la guerre ! » Aussitôt, elle eut honte de cette vilaine pensée : douter du courage de celui qu'elle aimait ! Un soldat !

« Pardonne-moi, je sais que c'est difficile », implora-t-elle d'une voix soumise en lui caressant les cheveux.

Devant tant de douceur résignée, il eut honte de sa lâcheté. Que lui importait, à lui, qu'elle n'eût pas de dot, puisqu'il l'aimait ? Avant de partir, il expliquerait à son père que l'argent ne l'intéressait pas et qu'il se marierait avec ou sans sa permission. Cette résolution le réconforta. D'une voix ferme il dit à Geneviève :

« Dès ce soir, je lui parlerai. Il n'osera pas refuser puisque demain je pars à la guerre. »

La jeune fille cacha son incrédulité en inclinant son visage sur l'épaule de son ami.

Le lendemain, André partit sans avoir rien dit à ses parents.

La sirène fit sursauter les clients du bazar, qui se regardèrent avec inquiétude. La porte du magasin s'ouvrit brusquement, faisant pénétrer l'air froid d'un après-midi de décembre. Goule d'Abeille apparut, la tête coiffée d'un casque de pompier.

« Monsieur P., venez vite, y a le feu à l'établissement de bains du père Rodier !

— Blanche, mes bottes, mes gants, cria Léon à l'adresse de sa femme debout devant le rayon des jouets.

— Je viens avec vous, dit un des soldats américains qui se trouvaient là.

— Nous aussi, on y va », dirent ses camarades.

Léon noua l'écharpe de laine que Blanche avait tenu à lui mettre et s'élança hors du magasin, suivi par six ou sept soldats. Ils n'eurent pas de mal à rattraper Goule d'Abeille qui clopinait devant eux sur ses jambes torses — dont une était plus courte que l'autre. Comme les Américains le dépassaient en courant il leur cria, essoufflé :

« Ne m'attendez pas, je vous rejoins. »

Donnant sur la Gartempe, face à la sous-préfecture, les bains publics de la ville étaient en flammes. Le capitaine des pompiers, homme d'un âge respectable, était débordé, la pompe municipale n'ayant pas assez de puissance pour maîtriser un tel incendie. La rivière étant proche, la chaîne s'organisa après qu'on eut réquisitionné tous les seaux du voisinage. Les Américains de Léon faisaient merveille. Soudain, un cri s'échappa de la foule massée sur le Pont-Neuf : une silhouette de femme venait d'apparaître à l'une des fenêtres du premier étage. Horrifiés, les porteurs d'eau suspendirent leur geste.

« Allez, plus vite! » encourageait Léon en passant un seau à son voisin.

Un grand soldat noir entra dans le brasier. Il en ressortit quelques minutes plus tard, les vêtements fumants, portant dans ses bras une femme. Il s'effondra en criant à ses compatriotes quelque chose que la foule ne comprit pas. Deux autres Américains se précipitèrent à leur tour dans la fournaise, puis réapparurent après un temps qui parut interminable, portant chacun un corps inanimé qu'ils déposèrent avec précaution sur la chaussée. A nouveau, ils retournèrent dans la maison embrasée. Un homme en flammes sauta de l'étage, s'écrasa sur le sol et se traîna jusqu'à la rivière dans laquelle il glissa puis resta immobile. Dans les bras de Charlotte, Néné suivait avec un regard d'épouvante les progrès du sinistre. Mais ce qui la fascinait, c'était ce corps sans mouvement que l'on tirait de l'eau et ceux autour desquels s'affairaient les sauveteurs. Elle s'accrochait en pleurant au cou de sa bonne, répétant sans cesse :

« Les pauvres... les pauvres... les pauvres... »

C'est une enfant hébétée que la jeune Belge ramena à Blanche. Pendant longtemps, ses nuits furent hantées par des flammes et des corps noircis se consumant. Hagarde, tremblante de peur, elle se dressait en hurlant dans son lit.

Grâce au courage des soldats américains, on évita la mort de plusieurs personnes. A la suite de ce haut fait, ils furent plus que jamais fêtés et reçus dans des familles qui, jusqu'à ce jour, s'étaient montrées distantes.

Mais ce temps de l'amitié et de la reconnaissance dura peu. Par un froid matin, ces jeunes gens partirent au front. Quelque temps plus tard, d'autres les remplacèrent.

Gogo, à son tour, avait quitté l'école et apprenait à faire des chapeaux sous la direction de Geneviève et de l'ouvrière promue au rang de professeur. Titine, elle, se donnait toute à sa librairie et à la diffusion de la Bonne Presse. Le temps qui lui restait, elle le consacrait à l'église et à surveiller les lectures des enfants de Blanche.

Gogo aimait bien faire des chapeaux; cette activité lui laissait le temps de rêver malgré les rires de Thérèse, les chansons de l'ouvrière et les reniflements de Geneviève quand son amoureux tardait à lui écrire. Elle pleurait souvent, la jolie Geneviève, surtout depuis qu'André avait tenu sa promesse — à sa façon : manquant de courage pour un face à face, il avait écrit une longue lettre à son père dans laquelle il avouait ses sentiments. Depuis cette missive, Monsieur et Madame B. évitaient Geneviève et leur fille Marguerite la regardait d'un air hautain.

IX

« Hue, hue... vas-tu avancer sale bête !... » Jean et P'tit Colas avaient beau tirer, frapper l'Avoine, celui-ci, aussi entêté qu'une mule, refusait d'avancer. Pourtant, il fallait bien qu'ils finissent de labourer ce champ. Cela faisait maintenant une semaine qu'ils étaient dessus, et cependant il n'était pas bien grand. Heureusement que la mère Colas avait décidé d'y planter des pommes de terre et non d'y semer le blé habituel. Elle avait tellement cru au retour de son homme pour la Toussaint qu'elle était restée comme hébétée jusqu'en février. Se ressaisissant enfin, elle avait attelé le cheval, mais, en larmes, avait dû s'avouer qu'elle n'avait pas la force de guider la charrue. Ses ressources trop modestes ne lui permettaient pas de louer un valet de ferme et, de toute façon, il n'y avait plus d'hommes jeunes et valides pour labourer les champs. Tous étaient à la guerre, blessés ou morts. Devant les larmes de sa mère, P'tit Colas décida, malgré ses dix ans, de ne plus aller en classe. Il en expliqua le motif à M. Charretier, le directeur, qui lui accorda l'autorisation de s'absenter en se mouchant bruyamment. Jean, dès la fin de l'école, accourait pour aider son camarade.

Les deux amis se laissèrent tomber, épuisés, sous un chêne dégouttant d'eau. Ils regardèrent leurs mains écorchées et brûlantes avec une sorte de désespoir et de colère.

« Putain de guerre ! » dit P'tit Colas en refoulant ses larmes.

Jean hocha la tête en signe d'assentiment avec un regard de haine vers le malheureux cheval aux harnais mal fixés. Tout à coup, il se redressa, l'œil brillant.

« J'ai une idée. »

P'tit Colas le regarda avec une lueur d'espoir au fond de ses yeux humides. Jean avait toujours des idées : elles n'étaient pas toujours bonnes mais souvent intéressantes. Que risquait-il à écouter celle-ci ?

« Demain, c'est jeudi, on va demander aux copains de venir nous aider.

— Des gars de la ville ! fit avec dédain l'apprenti laboureur.

— Et alors, pour faire le cheval, t'as pas besoin d'être paysan.

— Le cheval ?

— Oui, le cheval... avec des courroies, de la corde, on va les atteler à la place de ta sacrée bourrique de percheron. »

Ainsi fut fait et le lendemain, Raoul, Maurice, René et trois autres s'attelèrent à la charrue guidée par Jean et P'tit Colas.

Couverts de terre boueuse, fourbus mais contents, les gamins s'attablèrent devant une épaisse soupe aux choux dans laquelle la mère Colas jeta au dernier moment des lardons rissolés. L'avis fut unanime : jamais ils n'avaient mangé un tel potage. Un fromage de chèvre de l'année passée, bien sec mais goûteux à souhait, arrosé d'un épais vin sombre, acheva ce balthazar de roi.

Par la suite, deux autres champs furent labourés de la même façon et tout le monde parla de l'ingénieuse idée du fils de Monsieur P.

« L'est pas si mauvais drôle que ça », murmuraient les vieilles gens.

Malgré les soins de la maison, ceux donnés aux petits frères et sœurs, les soirées semblaient quelquefois bien longues à Geneviève, Thérèse et Gogo. Aussi, pour se distraire, elles faisaient tourner les tables. Ce fut la Titine qui lança la mode. Elle avait dévoré un livre sur ce sujet et disait que Victor Hugo lui-même prenait très au sérieux les messages envoyés par l'intermédiaire de guéridons à trois pieds. D'abord sceptiques, les trois jeunes filles se passionnèrent pour ce nouveau jeu, malgré les réticences de leur père qui leur disait de cesser ces sottises.

Geneviève affectait un dédain qu'elle était en fait loin d'éprouver. C'était elle dont le cœur battait le plus fort quand les trois sœurs, mains sur la table, doigts écartés se touchant, demandaient, en général par la voix de Gogo qui de l'avis général avait le plus de fluide :

« Quelles sont les initiales de mon fiancé? »

Si, quand c'était le tour de Geneviève, la table frappait un coup et s'arrêtait donnant ainsi la lettre A, le cœur de l'amoureuse s'arrêtait aussi, mais si les coups se succédaient, une grande tristesse s'abattait sur elle. Si après un arrêt plus ou moins long, la table se remettait en mouvement, frappait deux fois et s'arrêtait indiquant indéniablement la lettre B, Geneviève, inondée de joie, emplissait la maison de rires et de chansons. A.B., la table avait donné les initiales de l'aimé. Dans ces cas-là, mais dans ces cas-là seulement, Geneviève croyait aux tables tournantes.

Thérèse, elle, y croyait à moitié, dérangeant souvent l'esprit par ses fous rires. C'était un esprit sans humour et qui avait besoin du plus grand sérieux pour se manifester. Quant à Gogo, elle tenait tout cela pour absolument véritable et prononçait avec le plus grand sérieux la formule rituelle :

« Esprit, es-tu là ? »

L'attente infligeait à son corps un frisson de délicieuse angoisse. Quelquefois, sentant l'esprit d'une humeur facétieuse, elle lui disait de danser.

« Allez, table, danse ! »

Et la table sautait, sautait, échappait à leurs mains. Une fois, elle avait tenu à monter l'escalier, à la grande peur des trois sœurs, sous les moqueries de Jean. Une autre fois, voulant escalader la cuisinière, elle était retombée en se brisant.

La colère de Léon fut terrible, aussi, pendant quelque temps, Thérèse et Gogo se contentèrent de faire tourner des chapeaux hauts de forme pour la grande joie des plus petits.

Titine organisait aussi de petites réunions dans sa librairie de la Bonne Presse. Là, on répétait les cantiques du dimanche, on lisait de bons livres à haute voix, on tricotait pour les soldats et les pauvres. On se quittait après avoir dit un chapelet pour que vienne la paix. Ces jours-là, Geneviève et Thérèse « empruntaient » les livres marqués d'une croix, ceux que les jeunes filles ne devaient pas lire, les dissimulaient dans leurs poches et sortaient avec des mines de conspirateurs.

Arrivées chez elles, les deux sœurs attendaient que tout le monde soit couché et endormi avant de redescendre dans la cuisine où, autour d'une lampe à pétrole, elles se lançaient dans les délices des lectures défendues. Bien que prêtes à toutes les voluptés interdites, les jeunes filles étaient chaque fois déçues dans leur attente, ne voyant guère de différence entre les livres permis et ceux qui ne l'étaient pas. Elles lurent ainsi Georges Ohnet, Xavier de Montépin, Henry Bordeaux et quelques autres marqués de la croix d'infamie, trouvant Delly, que la vieille libraire leur conseillait, beaucoup plus voluptueux. Désappointées, elles remettaient le roman en place. Une fois, cependant, leur curiosité fut récompensée. Elles trouvèrent, tout en haut d'un rayon, un livre couvert de poussière, usé tant il avait été lu, dont le titre les intrigua fort : *Monsieur Vénus*, d'un auteur inconnu, Rachilde. Cette lecture les plongea dans un trouble et une perplexité si grands qu'elles n'osaient en parler. Désignée par le sort, Thérèse le lut la première. Fascinée, elle le termina dans la nuit. Le lendemain, sans un mot, rouge de honte, elle le tendit à sa sœur. Geneviève fut horriblement choquée, mais ne sauta pas une page. Elle voulut cependant jeter le livre scandaleux au feu. Thérèse le lui arracha des mains en la traitant de bigote et le cacha sur une poutre du grenier.

Le dimanche suivant, elles se confessèrent d'avoir eu de mauvaises lectures et de vilaines pensées. L'archiprêtre, qui les connaissait bien et qui surtout n'imaginait pas qu'une Enfant de Marie puisse commettre de bien gros péchés, leur donna l'absolution et une légère pénitence. La conscience en paix, elles communièrent avec ferveur, faisant dire à quelques dames dévotes :

« Que voilà de pieuses jeunes filles ! »

« La guerre est finie ! La guerre est finie !... »

Dans la rue, les gens couraient, s'arrêtaient, s'interpellaient, tournaient sur eux-mêmes, s'embrassaient, pleuraient, riaient.

Les cloches des églises se mirent à sonner et bientôt on entendit la fanfare des Américains. Thérèse entra en courant dans le bazar, sauta comme une gamine autour de son père, qui parlait avec Monsieur de F.

« La guerre est finie... »

Léon lui faisait signe de se taire, mais, toute à la joie

d'annoncer un tel événement, elle ne remarquait rien et scandait en frappant dans ses mains :

« Fini, c'est fini... fini, c'est fini... c'est la victoire ! »

Elle s'arrêta net, remarquant enfin les gestes de son père et surtout les larmes qui coulaient sur les joues de Monsieur de F. Effrayée, elle eut un mouvement de recul.

« Ne grondez pas cette enfant, monsieur P., elle ne pouvait deviner. Elle a raison de chanter sa joie. La joie de tous », ajouta-t-il en essuyant ses yeux du revers de sa main.

Devant ce chagrin qu'elle ne comprenait pas, Thérèse sentit son cœur se serrer.

« Mademoiselle, je venais apprendre à Monsieur votre père la mort de mon fils. »

Les larmes de Thérèse jaillirent à leur tour et la jeune fille, dans un geste de tendre pitié, se précipita dans les bras de l'homme accablé qui la serra contre lui en sanglotant.

Les cloches sonnaient de plus belle.

Les maisons se vidèrent, Léon dut fermer son magasin, les employés l'ayant déserté pour aller dans la rue acclamer les Américains et chanter la victoire. Charlotte, portant le petit Dédé dans ses bras, suivit jusqu'au soir la musique militaire.

Dans la foule réunie devant la mairie, quelqu'un cria :

« A l'église ! »

Et dans toute la ville ce fut comme une traînée de poudre. Croyants et incroyants se précipitèrent dans les églises. Le *Te Deum* qui retentit ce jour-là sous les voûtes monta puissamment vers le ciel et donna à tous l'impression d'une unitée retrouvée.

Partout de petits bals s'improvisaient, mais les demoiselles P. n'obtinrent pas la permission d'y aller.

Quelques jours plus tard, un peu malgré elle, Thérèse fut la seule à désobéir à son père.

Un jour qu'elle livrait un chapeau dans la ville haute, elle passa par le vieux pont. La musique d'un piano mécanique, qui s'échappait du café de la mère Tété, la fit ralentir. Elle s'approchait pour jeter un coup d'œil par-dessus des rideaux de guipure jaunie, quand Raymond B., un camarade de son âge, sortit du café portant une caisse vide.

« Que fais-tu là, tu viens danser ?

— Tu es fou, mon père me l'a défendu, je regardais seulement.

— Allez, sois pas sotte, viens danser, il n'en saura rien.

— Non, non, je ne peux pas ! » disait-elle en se laissant entraîner.

Raymond mit deux sous dans le piano et, prenant la jeune fille par la taille, l'emmena sur la piste aménagée entre les tables. Ils dansèrent une polka, puis une mazurka, puis une valse. C'est le manque d'argent qui les arrêta. Quand elle rentra au magasin de modes, rouge et décoiffée, Geneviève lui dit avec colère :

« Mais enfin, où étais-tu ? Mme Charré est déjà venue demander deux fois son chapeau. Je lui ai dit que tu étais partie le li... »

Un cri de sa sœur l'interrompit :

« Le chapeau ! »

Elle se précipita au-dehors et s'éloigna en courant sous le regard ébahi de Geneviève. Quand elle revint, encore plus rouge et décoiffée, elle serrait contre elle le carton à chapeau un peu cabossé et maculé de taches de vin.

« Comment, tu n'as pas livré le chapeau ?

— J'ai oublié », dit Thérèse, penaude.

Mme Charré, l'œil noir de colère, entra dans la boutique. Lâchement, Thérèse s'éclipsa, laissant Geneviève calmer la cliente.

Durant plusieurs jours, Thérèse craignit les reproches de son père, mais nul dans son entourage n'eut vent de l'escapade et Geneviève, à qui il avait bien fallu tout raconter, se contenta de hausser les épaules et garda son secret.

X

Du haut en bas de la maison, ce n'étaient que cris, rires, cavalcades. Le cousin Georges, prisonnier en Allemagne, était arrivé à Montmorillon depuis quinze jours. Les soins attentifs de Blanche, la gaieté de ses cousines avaient rapidement amélioré la santé du jeune homme, qui, la veille, avait décrété :

« J'emmène Geneviève au bal. »

Léon avait bien tenté de s'y opposer, mais la tante Marie, venue en visite, s'était proposée comme chaperon.

Quand Georges fit part de l'heureuse nouvelle à l'intéressée, celle-ci éclata en sanglots. Le pauvre garçon la regardait sans comprendre.

« Tu n'aimes pas danser ?

— Oh ! si, hoqueta-t-elle.

— Alors ?

— ... rien à me mettre, crut-il discerner.

— Ta robe de crêpe de Chine blanc est encore très bien », dit Thérèse.

Les sanglots redoublèrent.

« Elle est vieille...

— Elle est vieille, elle est vieille ! cria Thérèse agacée. Moi, c'est avec une robe rapiécée que j'irais danser — si on m'invitait », ajouta-t-elle avec un regard mauvais vers le pauvre Georges.

Titine entra et se fit expliquer la situation. Les trois sœurs parlant en même temps, tout cela lui parut extrêmement confus. Quand elle comprit, son visage ingrat s'éclaira d'un bon sourire.

« J'avais commandé, bien avant la guerre, des guirlandes de fleurs de soie. Allons voir si elles peuvent servir à quelque chose. »

Avec des cris, les jeunes filles dévalèrent l'escalier, traversèrent en trombe le jardin, escaladèrent le mur mitoyen, piétinant les plates-bandes, et arrivèrent essoufflées dans la maison de l'ancienne modiste. Titine, qui était passée tout simplement par la rue, les attendait dans la cuisine, un grand carton ouvert devant elle sur la table recouverte de toile cirée.

« Oh ! » s'écrièrent-elles avec un ensemble parfait.

De la boîte jaillissaient de délicates grappes de fleurs blanches portées par de fines tiges vertes. Déjà, les jeunes mains avides froissaient la soie des pétales.

Geneviève fut incontestablement la plus élégante et la plus jolie jeune fille du bal. Son plaisir fut cependant gâché : Georges était un piètre danseur, marchant plus souvent qu'il n'était permis sur les fines chaussures de satin blanc de sa cousine. Se sentant investi d'un rôle important, il ne la quittait pas d'un pas, éloignant les éventuels cavaliers. Elle rentra, furieuse de ne pas avoir dansé. Quant à Georges, il trouva les femmes bien difficiles à satisfaire.

A leur tour, André et Paul revinrent de la guerre. Après la première joie des retrouvailles, Geneviève se rendit compte que son amoureux l'évitait. Quand elle le rencontrait dans la rue et s'arrêtait pour lui parler, il avait un air gêné qui lui faisait de la peine. Elle ne comprenait pas. Elle lui donna des rendez-vous auxquels il ne vint pas. Un soir, après son travail, la jeune fille le guetta et lui dit avec brutalité :

« Si tu en aimes une autre, dis-le ? »

Il secoua la tête, la regardant avec tristesse. Elle poursuivit d'un ton acerbe :

« Peut-être ne suis-je pas assez bien pour toi ?

— Ne dis pas ça...

— Et pourquoi ne le dirai-je pas, puisque tes parents le pensent ? »

Comme elle était belle en colère ! Plus rien de la timide jeune fille, si douce, si convenable, pensait André en l'attirant contre lui.

« Je t'aime, Geneviève, je n'aimerai jamais que toi. »

Elle se dégagea avec violence.

« Des mots, toujours des mots !

— Sois patiente, je leur parlerai...

— Cela fait des années que tu dois leur parler. Si tu n'en as pas le courage, partons.

— Partir ?

— Oui, partir... loin d'ici. Tout ce que je veux, c'est vivre avec toi. »

Il la regardait, incrédule.

« Partir ? Mais ce n'est pas possible, nous n'avons pas d'argent.

— On travaillera », fit-elle avec hauteur.

Le jeune homme mettait ses mains dans ses poches, les retirait, les remettait, complètement désorienté.

« Je te promets, je leur parlerai », balbutia-t-il.

Geneviève le regarda avec un mépris qui lui fit baisser la tête.

« Mon pauvre André... »

Elle se détourna et partit rapidement. Hébété, le jeune homme regardait son amie s'éloigner puis tourner au coin d'une rue. La petite ville lui sembla tout à coup hostile. Derrière chaque volet clos, il sentait un regard. La lumière tremblante des réverbères, celle du café du père Magloire, les murs sombres bordant les rues désertes, le vent froid de l'hiver, tout cela serrait son cœur d'une angoisse que seule celle qui l'abandonnait dans la nuit pouvait faire cesser. Affolé à l'idée de la perdre, il courut à sa suite :

« Geneviève... Geneviève... »

Seul l'écho de sa course lui répondit.

Les couturières étaient débordées : le premier grand bal depuis la guerre! Geneviève, Thérèse et Gogo avaient décidé de se faire faire des robes semblables : blanches avec des damiers roses. Pour le dernier essayage, Blanche et Titine étaient venues donner leur avis. Elles trouvèrent les robes ravissantes.

« Un peu décolletées, peut-être, dit Titine.

— Mais c'est la mode! » s'écria Gogo en émergeant des larges plis.

A son tour, Blanche essaya la sienne, noire, au corsage orné de dentelle et de perles de jais. Ses filles, en jupons et cache-corsets, déclarèrent qu'elle faisait très grande dame et qu'elle serait incontestablement la plus belle.

« Mais pourquoi toujours du noir? » grommela Gogo.

Le bal fut un succès complet et les demoiselles P. y furent très remarquées. Les cavaliers se pressaient, elles ne manquèrent pas une danse. Thérèse dansa plusieurs fois avec un professeur de gymnastique nouveau venu dans la ville. Il l'invita à boire quelque chose; essoufflée, elle accepta. Il la conduisit dans une petite salle assez peu éclairée où, sur une des deux tables, il y avait une bouteille de champagne et deux verres. Thérèse n'avait bu de champagne qu'une ou deux fois dans sa vie. Comme une gamine, elle battit des mains, s'assit à la table et tendit son verre sans façon. Un peu du pétillant liquide lui coula sur les doigts, qu'elle suça en riant sous l'œil amusé de l'homme. Au deuxième verre, elle se sentit légère et gaie. Elle se leva légèrement titubante.

« Venez, allons danser ! »

Il l'attrapa par le bras et la força à se rasseoir. Rapprochant sa chaise de la sienne, il lui mit un bras autour des épaules.

« On est bien ici, tranquilles », dit-il en lui tendant un autre verre.

Elle allait le boire quand une voix courroucée la fit sursauter :

« Qu'est-ce que tu fais là ? Va retrouver ta mère ! »

Thérèse, penaude, laissa son beau danseur et par la suite s'étonna de ne plus être invitée par lui.

Geneviève, belle et grande, passait de bras en bras sous l'œil de plus en plus noir d'André venu en compagnie de sa sœur et de ses parents. Il dansa plusieurs fois avec la fille du maréchal-ferrant, mal fagotée dans une robe d'un rose criard. Chaque fois que Geneviève passait devant lui, elle riait, rejetait la tête en arrière, éblouie, semblait-il, par les propos de ses cavaliers. N'y tenant plus, entre deux danses, il franchit le barrage de quatre ou cinq jeunes gens qui faisaient leur cour à la coquette, bouscula Paul et l'invita.

Elle le regarda avec une petite moue, feuilleta son carnet de bal et dit d'une voix claire :

« Je suis désolée, mon ami, toutes mes danses sont retenues. »

Il serra les poings de fureur sous l'œil goguenard des autres garçons.

« Tu dois te tromper, dit-il en l'arrachant de son siège, celle-ci est pour moi. »

Paul tenta de s'opposer à cet « enlèvement », mais André le repoussa sans ménagement. L'orchestre attaqua une valse. Très bons danseurs l'un et l'autre, ils tournoyèrent sous les regards envieux des filles et des garçons. Pour calmer la colère de Paul, Thérèse l'entraîna sur la piste et résista, stoïque, au supplice qu'il lui infligeait par son manque de sens du rythme. Pourtant, le cou rougi par l'effort, il s'appliquait. La valse terminée, les pieds endoloris, elle poussa un soupir de soulagement tandis qu'il la raccompagnait, cherchant Geneviève des yeux.

Blanche aussi cherchait sa fille pendant que Monsieur et Madame B. s'inquiétaient de ne pas voir revenir leur fils. Thérèse et Gogo se regardèrent avec inquiétude : elles devaient absolument la retrouver avant que leur père ne s'avise de sa disparition. Elles partirent, l'une vers la salle où l'on servait les rafraîchissements, l'autre vers le petit jardin jouxtant la salle de bal. Là, malgré le froid de cette nuit de février, Geneviève et André se tenaient immobiles l'un en face de l'autre. Gogo s'approcha d'eux et murmura :

« Geneviève, il faut rentrer, papa va te chercher. »

La jeune fille tourna vers sa sœur un visage pâle sur lequel glissait une unique larme qui alla se perdre dans le pli de la bouche.

« Je viens. »

Elles rentrèrent ensemble, au moment où Léon se dirigeait vers le jardin.

« Geneviève ne se sentait pas bien, je l'ai emmenée prendre l'air, dit Gogo précipitamment.

— C'est vrai, ma chérie, que tu as mauvaise mine, veux-tu que nous rentrions ?

— Non, papa, merci, ça va. »

Elle s'assit près de sa mère et refusa toutes les invitations avec un sourire lointain. Blanche regardait sa fille à la dérobée. Qu'avait-elle ? Pourquoi était-elle si gaie et, l'instant d'après, si triste ? Serait-elle amoureuse ? Sa main se porta machinalement à son cœur. Amoureuse ? C'était donc ça. Sa petite fille, son premier bébé, amoureuse ! Toute occupée à ses travaux divers, à ses jeunes enfants, elle n'avait pas vu que son aînée grandissait et devenait à son tour une femme. Comment avait-elle pu être si inattentive, si distraite ? Mais

126

qui aimait-elle ? La réponse lui vint immédiatement :
André, bien sûr ! Au même moment, Blanche vit la
famille B. au complet se diriger avec raideur vers la
sortie. Tout dans la démarche de la mère et du père
indiquait une colère rentrée. Derrière eux, leur fils suivait, l'air faussement désinvolte. Ils croisèrent Léon,
leur salut sec le surprit tellement qu'il s'arrêta et les
regarda partir d'un air songeur.

« Quelle mouche les a piqués ? » demanda-t-il à sa
femme en l'invitant à danser.

Malgré les objections de Thérèse et de Gogo, il
annonça bientôt qu'il était temps de partir. Geneviève
s'était déjà levée et se dirigeait vers le vestiaire.

Jusqu'au petit matin, les sanglots de Geneviève trou-
blèrent le silence de la chambre. Quand elle se réveilla
après un court sommeil, ses yeux bouffis alarmèrent
Thérèse, debout en chemise devant l'armoire à glace,
qui faisait comme chaque matin ses exercices et répétait cent fois : « Petite bouche... petite bouche... », dans
le but d'avoir ce qui lui semblait le comble de
l'élégance : une petite bouche.

« Eh bien, t'en as une tête ! C'est pas avec ces yeux-là
que tu vas conquérir ton André.

— Laisse-la tranquille, tu vois bien qu'elle a de la
peine, dit Gogo tout en continuant à brosser ses cheveux.

— Elle ne sait pas s'y prendre, elle est trop sérieuse.
Avec les garçons, elle ne rit jamais.

— Ce n'est pas vrai, hier elle riait.

— Elle riait peut-être..., mais jaune.

— Oh ! Arrêtez !... Arrêtez !... » hurla Geneviève en se
bouchant les oreilles.

Thérèse, devant son air bouleversé, s'approcha de sa
sœur.

« Pardonne-nous... Mais, tu comprends... ça nous fait tellement de chagrin de te voir comme ça.

— Oh! oui, ça nous fait tant de peine... » dit Gogo.

En larmes, elles se jetèrent dans les bras de Geneviève.

« Vous allez être en retard à la messe... »

Blanche s'interrompit en découvrant ses filles enlacées et larmoyantes. D'une voix inquiète, elle questionna.

« Que se passe-t-il? »

Les sanglots des trois sœurs redoublèrent. Elles secouèrent la tête, incapables de répondre.

« Mais enfin, qu'avez-vous? Geneviève, réponds-moi!... Thérèse? Gogo? »

— Ce n'est rien, parvint à articuler Thérèse.

— C'est ma faute, dit Gogo, je me suis moquée d'elles. »

Pressée, Blanche se contenta de cette explication.

« Dépêchez-vous, les petits sont déjà prêts. »

Elles baignèrent leurs yeux rougis et enfilèrent en hâte leurs vêtements du dimanche. Jamais la messe ne leur parut aussi longue que ce dimanche-là.

L'après-midi, après les vêpres, Blanche fit venir Geneviève dans sa chambre. Le feu de cheminée répandait une douce chaleur et donnait à cette pièce, d'apparence plutôt sévère, un air accueillant assez inhabituel. Comme toutes les chambres de la maison, celle-ci n'était pas chauffée, sauf lors d'une maladie ou d'une naissance.

« Assieds-toi, ma chérie. »

Geneviève, intimidée, s'assit sur le bord d'un des fauteuils Empire. Blanche s'installa confortablement dans l'autre et regarda sa fille en silence. Celle-ci, devant ce regard triste et bon, faillit se remettre à pleurer.

« Tu aimes André B., n'est-ce pas? »

Les mains de Geneviève se crispèrent sur les accoudoirs.

« N'aie pas peur, réponds-moi.

— Oui », murmura Geneviève dans un souffle.

Blanche hocha la tête en disant :

« Ma pauvre petite !... »

Le ton apitoyé fouetta l'amour-propre de la jeune fille, qui redressa la tête et regarda sa mère, avec un air d'interrogation courroucée.

« Ce mariage ne peut se faire, continua Blanche. Monsieur B., ce matin, est venu trouver ton père pour lui demander de t'interdire de revoir son fils.

— Mais ce n'est pas possible, je l'aime... Nous nous aimons, acheva-t-elle d'une voix basse.

— Je sais, mais Monsieur et Madame B., sont intraitables là-dessus : pas de dot, pas de mariage.

— C'est trop injuste !

— Ma chérie, nous n'y pouvons rien. Je te demande, ton père et moi, nous te demandons, corrigea-t-elle, de cesser toute relation avec ce jeune homme.

— Je ne peux pas », dit Geneviève, en cachant son visage dans ses mains.

Depuis le début de ce pénible entretien, Blanche s'efforçait de ne pas prendre sa fille dans ses bras. Car elle savait que rien ne pouvait apaiser une telle peine. Elle savait aussi que ce n'était pas là un banal chagrin d'amour, mais un de ceux qui détruisent un cœur et une vie à jamais. Tout en elle se révoltait devant l'âpreté des parents du jeune homme. Elle les connaissait assez pour savoir que rien ne les ferait changer d'avis. Ils avaient travaillé trop dur toute leur vie pour établir leurs enfants et seul l'argent leur semblait une garantie de bonheur. Elle haussa les épaules : n'avaient-ils pas été heureux, Léon et elle, sans argent ? N'élevaient-ils pas convenablement leur nombreuse famille au prix parfois de sacrifices, dont personne n'avait idée. Savait-on, à part sa couturière, que la belle et élégante Madame P. faisait retourner ses robes et les manteaux de son mari ? Que l'achat des chausures était souvent différé et la lingerie rapiécée ? Aujourd'hui seulement, l'argent lui manquait vraiment. Elle eût aimé couvrir ses filles de dentelles et de bijoux, leur donner la dot la plus importante de la ville et leur choisir un mari parmi les meilleures familles. Mais là, une famille de boutiquiers faisait la fine bouche devant la plus belle de ses filles, et tout ça à cause de l'argent ! Ah ! cet André ne méritait pas un tel amour, ce lâche qui n'osait même pas affronter son père et dire à sa mère : « Celle-ci sera ma femme et nulle autre. » Ce fut donc avec contrainte, se déchirant elle-même, que Blanche dit à cette femme en pleurs :

« Il faut te résigner. D'ailleurs, il n'est pas digne de toi. »

Geneviève releva la tête brutalement et regarda sa mère avec un air farouche.

« Je le sais qu'il n'est pas digne de moi, que c'est un faible incapable de diriger sa vie, mais je l'aime. »

La souffrance la jeta aux pieds de sa mère, la tête enfouie dans ses genoux.

« Je l'aime, maman... je l'aime... »

Blanche caressa les doux cheveux, se détestant de ne pouvoir rien faire, lasse soudain de toute cette vie de labeur inutile. Des larmes qu'elle ne pouvait plus retenir coulèrent sur son beau visage fatigué. Elle murmura les mots que les mères disent à leurs jeunes enfants pour les consoler d'un gros chagrin ou d'un bobo :

« Mon petit, mon tout petit, ne pleure pas... je suis là... ma douce, ma chérie, ma toute belle... là... là... »

La voix de Blanche tombait comme une eau fraîche sur la peine de la jeune fille; qui pensait que sa mère avait raison, de prêcher la résignation et de ne pas vouloir dresser le fils contre le père. Si Dieu l'avait voulu, tout eût été simple. Cela ne l'était pas, Dieu ne voulait pas de leur amour.

Toujours enfouie dans les genoux maternels, elle pria et offrit cet amour en sacrifice, se sentant l'égale des saintes martyres. Quand elle se redressa, ses yeux étaient secs. Blanche frémit devant ce visage bouleversé et éprouva une inutile et grande pitié.

« Tu as raison, maman, je ne le verrai plus : seulement une dernière fois pour lui rendre sa parole. »

Blanche admira le courage de sa fille tout en s'étonnant de cette subite résignation. Avec son mouchoir, elle essuya les joues marbrées par les pleurs et la regarda longuement avant de l'embrasser.

« C'est bien, dit-elle.

— Maman, je voudrais vous demander une faveur à papa et à toi.

— Parle, que veux-tu ?

— Je voudrais quitter Montmorillon. Oh ! quelque temps seulement ! ajouta-t-elle devant le geste surpris de sa mère. Je pourrais aller à Tours, chez la cousine Camille. Cela fait des années qu'elle m'invite à passer quelques jours chez elle.

— La cousine Camille ? Ce n'est pas une mauvaise idée. Je vais en parler à ton père. »

Le surlendemain de ce triste jour, Geneviève, en tenue de voyage, rencontra André et lui fit part de sa décision. Il la supplia de patienter encore.

« Non, André, c'est fini. J'ai déjà été plus patiente qu'il n'est convenable de l'être. Adieu, tu es libre ! »

Elle lui tendit un paquet de lettres soigneusement enrubanné qu'elle avait conservé jusqu'à ce jour caché dans le matelas du lit de la grande poupée à tête de porcelaine et le quitta.

Devant le magasin, la voiture du libraire barbu attendait. Geneviève y monta en compagnie de Titine, qui s'était proposée comme chaperon pour la durée du voyage. Sur le seuil de la porte, la famille au grand complet, la bonne, les employés retenaient mal leurs larmes. Léon avait le cœur déchiré, c'était la première fois qu'un de ses enfants le quittait, lui qui avait rêvé égoïstement de les garder toujours auprès de lui. Thérèse, Gogo, Néné, Dédette se jetèrent à tour de rôle dans les bras de leur aînée. Même Jean paraissait ému. Blanche fut la dernière à embrasser sa fille, à qui elle remit en cachette une petite bourse brodée ayant appartenu à sa mère et dans laquelle elle avait glissé quelques-unes de ses maigres économies.

« Dépêchons-nous, nous allons rater le train », dit le libraire d'un ton bourru pour cacher son émotion.

Il fouetta son cheval. Geneviève partit, se retournant souvent, sentant qu'elle abandonnait là les jours heureux de son enfance et le simple bonheur dont elle avait rêvé.

XI

« Etes-vous chrétien?
— Oui, je suis chrétien par la grâce de Dieu. »

« Que veut dire être chrétien?
— Etre chrétien veut dire professer la foi et la loi de Jésus-Christ.
— Comment devient-on chrétien?
— On devient chrétien par le Saint Baptême.
— Quel est le signe du chrétien?
— Le signe du chrétien est le signe de la Sainte Croix.
— Comment faites-vous le signe de la Croix?
— Je fais le signe de la Croix en portant la main droite au front et en disant : AU NOM DU PÈRE; puis à la poitrine, en disant : ET DU FILS; ensuite à l'épaule gauche et à l'épaule droite, en disant : ET DU SAINT ESPRIT; enfin je dis : AINSI SOIT-IL.
— Pourquoi le signe de la Croix est-il le signe du chrétien?
— Le signe de la Croix est le signe du chrétien parce qu'il sert à distinguer les chrétiens des... des...
— Infidèles », souffla Néné.

Jean la regarda avec un air d'incompréhension.

« In-fi-dè-les », répéta-t-elle en détachant chaque syllabe.

Léon reposa avec lassitude le vieux catéchisme qu'il connaissait par cœur pour l'avoir fait réciter aux trois aînés et maintenant à cet obtus de Jean.

« Cela fait dix fois que tu t'arrêtes au même endroit. Je t'ai pourtant expliqué ce que c'était qu'un infidèle. Ta sœur qui est plus petite que toi a parfaitement compris. Si tu ne sais pas mieux ton catéchisme que ça, tu ne feras pas ta communion.

— Ça m'est bien égal, marmonna le gamin affalé sur le tapis de la table sous l'œil inquiet de Néné qui craignait toujours pour son idole les colères du père.

— Que dis-tu? demanda celui-ci.

— Rien.

— Reprenons plus loin, soupira Léon. Combien y a-t-il de choses nécessaires pour faire une bonne Communion?

— Il y a trois choses nécessaires pour faire une bonne Communion : premièrement, être en état de grâce; deuxièmement, être à jeun depuis minuit jusqu'au moment de la Communion; troisièmement, savoir ce qu'on va recevoir et...

— ... s'approcher, souffla Néné.

— ... et s'approcher de la Sainte Communion avec dévotion.

— Qu'est-ce qu'être en état de grâce?

— Etre en état de grâce, c'est avoir la conscience pure de tout péché mortel.

— Quel péché commet celui qui communie en sachant qu'il est en état de péché mortel?

— Celui qui communie en sachant qu'il est en état de péché mortel, commet...

— ... un horrible...

— Tais-toi, Néné, c'est à lui de répondre.

134

— Un horrible... un horrible... un horrible péché »,
dit Jean d'un air triomphant.

Léon devint rouge de fureur, se leva brusquement et
s'avança sur son fils qui ébaucha un geste de protec-
tion. Le gamin ne fut pas frappé, mais hissé par le col
de sa blouse d'écolier.

« UN HORRIBLE SACRILÈGE entends-tu, crétin ?
UN HORRIBLE SACRILÈGE ! Répète !

— Un horrible sacrilège.

— Encore.

— Un horrible sacrilège.

— Maintenant tu vas me copier cent fois : « Le signe
« de la Croix est le signe du chrétien, parce qu'il sert à
« distinguer les chrétiens des infidèles », et : « Celui
« qui communie en sachant qu'il est en état de péché
« mortel commet un horrible sacrilège », dit-il en reposant brutalement son fils sur sa chaise.

— Oh ! non, papa.

— Non ? Et pourquoi, je te prie ? »

Jean hésita, regardant tour à tour son père et sa
mère qui venait d'entrer. Enfin, il se décida.

« J'ai cent lignes à faire demain pour le père... j'veux
dire, M. Charretier.

— Ah ! Tu as cent lignes à faire pour le père...
M. Charretier. Et, peux-tu me dire pourquoi ?

— Parce que j'ai été puni.

— Je m'en doute, mais pourquoi ? »

Jean sortit de son cartable déchiré et raccommodé
en maints endroits une feuille de cahier, froissée et
tachée, couverte d'une écriture irrégulière et malhabile
qu'il tendit à son père. Celui-ci lut à haute voix :

« Je ne ferai plus manger de crottes de bique roulées
dans du sucre à mes petits camarades. »

Léon eut du mal à retenir un sourire devant l'imagination féconde et malfaisante de son fils. Avec un fron-
cement de sourcils sévère, il lui redonna la feuille.

« Tu as de la chance que je ne sois pas le directeur,

car moi, je te les aurais fait manger, tes crottes de bique.

— C'est bien ce qu'il a fait », dit Jean d'un air si pitoyable que Léon partit d'un éclat de rire formidable, tandis que Blanche s'écriait :

« Mais c'est dégoûtant !... Comment a-t-il osé faire cela... je vais aller le trouver et lui dire ma façon de penser sur ses manières éducatives !

— Tu n'en feras rien, l'interrompit son mari. Comme je l'ai dit, à sa place j'aurais agi de même. Cela lui servira peut-être de leçon.

— Et s'il tombe malade !

— Ça m'étonnerait, la mauvaise graine a toujours la peau dure. Je ramène ta punition à vingt lignes. Tu me les donneras demain à la même heure. »

Thérèse et Gogo, ravissantes dans leurs nouvelles robes vert pâle à petites fleurs, mais rouges et décoiffées, couraient à travers le jardin pour essayer d'attraper Jean, vêtu d'un élégant costume de marin. En louvoyant à travers les allées, il criait :

« Non, je ne le mettrai pas !

— En voilà assez ! gronda Léon en entrant dans le jardin.

— Non, je l'mettrai pas ! s'obstina-t-il.

— Ah ! tu ne le mettras pas, c'est ce qu'on va voir ! »

Il rattrapa le récalcitrant et, d'une main de fer, le ploya sur ses genoux et lui administra la plus belle fessée que futur communiant ait jamais reçue.

Thérèse put enfin fixer le brassard de soie blanche, objet de la poursuite, au bras de son frère.

« Tiens voilà ton chapelet.

— Mon chapelet ? Voilà ce que j'en fais. »

Jean cassa la fine chaîne d'argent ornée de perles de nacre et jeta les morceaux avec rage dans un massif. La gifle qu'il reçut le fit chanceler. Pendant un moment, il fixa son père avec haine, puis, haussant les épaules, accepta de Gogo ses gants blancs et son missel.

Quand la famille P. sortit au grand complet — Geneviève était revenue pour la cérémonie — et en grande tenue, Jean P., encadré par son père et sa mère, avait la mine sombre d'un condamné que l'on conduit au supplice.

Durant tout l'office, il rumina des pensées de vengeance : recracher l'hostie, pisser au milieu de l'allée, mettre le feu avec son cierge aux voiles des communiantes. Il s'arrêta un moment à cette idée. Il avait vu dans un vieux numéro de *L'Illustration* une scène analogue et cela lui avait beaucoup plu. Il reconnut cependant que ce serait une source certaine de nouveaux ennuis et, des ennuis, il n'avait que ça. Le Bon Dieu aurait pu arranger les choses, quand même. De penser à Dieu le ramena à la cérémonie et à l'importance que lui accordaient ses parents, les prêtres et même le père Charretier, qui était anticlérical. Une question du catéchisme lui revint en mémoire, ainsi que la terrifiante réponse : « Mérite-t-on l'enfer pour un seul péché ? » « Oui, on mérite l'enfer même pour un seul péché mortel. » Casser son chapelet et le jeter était sûrement un péché mortel. Alors, s'il mourait maintenant, il irait en enfer ? Une terreur divine s'abattit sur lui. Du fond de son cœur, l'enfant apeuré pria.

Quand le moment de la communion arriva, il se dirigea vers la sainte table avec un air de ferveur tel que l'archiprêtre le remarqua et remercia Dieu d'avoir enfin touché ce cœur de pierre.

Une autre prière d'actions de grâces monta également vers le Seigneur, celle de Titine, qui pleurait de bonheur devant la communion exemplaire, devait-elle dire plus tard, de ce fils de son cœur. Quant à Blanche, à Léon et à leurs filles, ils étaient soulagés de voir que tout se déroulait bien, sans scandale.

Cet état de grâce dura jusqu'au soir, où l'on dut coucher le gamin, malade d'avoir trop bu dans le verre de chacun et de s'être goinfré de dragées et de pièces-montées.

A la demande de ses parents, Geneviève passa l'été à Montmorillon. Soucieux de lui éviter la tristesse et l'ennui, ils multiplièrent les réunions, les pique-niques, les promenades le long de la Gartempe ou en barque, les petits bals entre amis, les séances de cinéma — qui faisait son apparition dans la ville (Geneviève pleura beaucoup à une représentation du *Maître de forges*) — et surtout les soirées musicales qui attiraient chez Monsieur et Madame P. toute une jeunesse mélomane heureuse de se retrouver dans cette accueillante maison. C'est au cours d'une de ces soirées que les trois sœurs décidèrent de former un « orchestre » qu'elles baptisèrent l'Estudiantina. Geneviève et Thérèse jouaient du violon et Gogo de la mandoline. Deux de leurs amies vinrent se joindre à elles : Suzanne jouait de la flûte, et Marguerite de l'accordéon. Très vite leur petit groupe fut populaire et très demandé pour les fêtes de charité, les kermesses de l'Institution Saint-M. ou celles du Séminaire. Le plus gai, c'était les répétitions qui avaient lieu le soir dans le magasin. Voyant de la lumière et entendant la musique, les voisins entraient, donnaient leur avis, et il n'était pas rare que la soirée se terminât par quelques danses. Certains jours, quand le temps le permettait, les répétitions avaient lieu en plein air dans le jardin de la route de Saint-Savin.

Ces soirées au bord de la rivière dans les parfums exaltés des nuits d'été, sous le ciel constellé d'où tombait parfois une étoile filante, étaient d'une douceur qui alanguissait les corps.

Tard dans la nuit, on s'en revenait lentement, en silence, attentif à ne pas déranger la fragile harmonie née de la douceur du soir, du trouble innocent des cœurs et de la musique.

Dédette se réveilla en pleurant. Une nouvelle fois, le loup avait voulu la manger. Elle escalada les hauts bords de son lit à barreaux et, pieds nus sur le parquet froid, éclairée par la faible lueur de la veilleuse, courut dans la chambre des grandes. Elle secoua Thérèse jusqu'à ce que celle-ci ouvre un œil en grognant. A la pâle clarté de la lampe, elle aperçut la tête brune de la petite.

« Que veux-tu ? Pourquoi n'es-tu pas dans ton lit ?
— J'ai peur du loup.
— Le loup ? Quel loup ? Il n'y a pas de loup.
— Si, il y a des loups... Papa a dit que pendant la guerre on en a vu aux abattoirs de la route de Saint-Savin.
— C'était il y a longtemps. Va te coucher.
— Non, j'ai peur, je veux dormir avec toi.
— C'est pas bientôt fini, ces discours ! gémit Gogo en s'asseyant dans le lit.
— Dédette a peur des loups.
— Elle a bien raison. Si elle ne va pas se coucher, ils vont venir la manger.
— Non, non », cria Dédette en s'agrippant aux draps.
Thérèse la hissa sur le lit. La fillette se glissa entre ses deux sœurs avec un sourire satisfait.
« Aïe, tes pieds sont glacés ! »
Bien au chaud, blottie entre les corps de ses aînées, la petite se rendormit.

Quand elle se réveilla, Marion, la nouvelle bonne, achevait de mettre de l'ordre dans la chambre.
« Il est tard, grosse paresseuse, il faut se lever ! »

Dédette embrassa les joues de la jeune servante avant de s'agenouiller dans son lit pour sa prière du matin.

« Mon bon Jésus, bénissez papa, maman, mes sœurs et mes frères, la Titine, monsieur l'archiprêtre. Protégez les pauvres, guérissez les malades. Bonne Vierge Marie, priez pour nous pauvres pécheurs, sainte Thérèse de l'Enfant Jésus qui m'avez guérie, aidez-moi à être sage et obéissante. Amen. »

Pour rien au monde, Dédette n'eût manqué ses prières du matin et du soir. La plus jeune des filles de Blanche était naturellement pieuse, aimait se rendre à l'église et faisait volontiers en pénitence le sacrifice du chocolat de son goûter. Sa douceur, sa gentillesse étaient telles que les religieuses la choisissaient souvent pour représenter Jésus enfant à l'occasion des processions ou des spectacles enfantins donnés au profit des bonnes œuvres ou des missions.

La bonne l'aida à se laver et à s'habiller et descendit avec elle dans la cuisine, où elle lui servit un bol de lait tiède avec un morceau de la tarte de la veille. La table était encore jonchée des débris du repas des aînés. Marion la nettoya avec une promptitude née d'une habitude déjà grande.

Dédette aimait beaucoup la jeune fille, qu'elle savait orpheline de père et de mère et que les religieuses de l'orphelinat Saint-Joseph avaient placée chez Monsieur et Madame P. au lendemain de ses quatorze ans. Après une brève hésitation, elle lui tendit sa part de gâteau.

« Tiens, mange-le, je préfère le pain. »

Gourmande, Marion engloutit la tarte en trois bouchées.

Assis sur le banc du jardin, Geneviève et Paul se tenaient côte à côte, tête baissée, sans parler. Enfin Paul se décida, la nuque cramoisie.

« Alors ? Que décides-tu ? »

Geneviève releva la tête et regarda avec amitié son camarade d'enfance, qui tordait dans ses grandes mains le béret qu'elle détestait tant et dont il n'arrivait pas à se séparer. Elle l'aimait bien, Paul, il était doux, gentil et faisait tout ce qu'elle voulait. Il ferait certainement un bon mari, un bon père. Mais pourquoi était-il si ennuyeux !

« Laisse-moi réfléchir, je te donnerai ma réponse à la fin de l'année. »

Il poussa un soupir attristé et dit d'un ton résigné :

« Comme tu voudras. J'attendrai le temps qu'il faudra. Je ne veux pas d'autre femme que toi. »

Geneviève, émue malgré tout par cette fidélité, inclina sa tête sur l'épaule du jeune homme.

« Mon bon Paul... »

Le lendemain, par un jour ensoleillé de septembre, elle partit pour Saumur, chez une amie de Titine, se perfectionner dans le métier de modiste. Elle logeait dans une pension de famille pour jeunes filles tenue par des religieuses, s'efforçant de chasser de son cœur jusqu'au souvenir d'André.

Sans doute y réussit-elle, puisqu'à Noël elle permit à Paul de faire sa demande.

XII

L'ANNÉE 1920 fut fertile en événements.

En avril, Geneviève épousa Paul. Sa pâleur était telle
au milieu de la blancheur de son voile que ses clairs
yeux bleus, cernés de mauve, paraissaient immenses.
Ses sœurs, vêtues de fluides robes de satin rose, lui
servaient de demoiselles d'honneur. Devant elle, qui
s'appuyait au bras de son père, marchaient, se tenant
par la main, Dédette et le petit Dédé. Léon, si ému que
ses mains tremblaient, l'aida à s'agenouiller à côté de
Paul. Il regagna sa place auprès de Blanche inexplica-
blement bouleversée.

Quand Geneviève prononça le oui définitif, Thérèse
et Gogo ne purent retenir leurs larmes. Celles de Blanche coulaient lentement le long de son beau visage fatigué. Tandis que les orgues éclataient, l'enfant qu'elle
portait s'agita longuement dans son ventre.

Tout au fond de l'église, dissimulé par un pilier, un
jeune homme étouffa un sanglot avant de se précipiter,
sans se soucier d'être vu, vers la sortie. André quitta
l'église Saint-Martial en courant.

Après un court voyage de noces, Geneviève s'installa chez ses beaux-parents dans un gros bourg proche de Montmorillon.

L'enfant de Blanche, une petite fille, naquit en septembre. On l'appela Marie-Anne. C'était un beau bébé tout rond, à la peau très blanche, aux courts cheveux noirs. Ses yeux bridés lui donnaient l'air chinois. Il ne ressemblait à aucun de ses frères et sœurs. Personne ne comprit pourquoi Madame C., la sage-femme, pleurait en déposant le nouveau-né dans les bras de sa mère. Aux aînés qui la pressaient de questions tandis qu'elle se rhabillait en hâte, elle dit en guise de réponse :

« Il eût mieux valu qu'elle ne vît jamais le jour. »

Longtemps après cette naissance, Blanche disait que c'était la peur qu'elle avait éprouvée lorsqu'un médecin de Poitiers avait retiré sans ménagement les amygdales de Dédé (le petit garçon, couvert de sang, était resté longtemps hébété de souffrance, blotti contre sa mère) qui était la cause du mongolisme de sa dernière-née, refusant d'admettre que cette tare puisse avoir une origine naturelle.

La famille affronta ce malheur avec dignité et amour. Cette petite sœur différente, très vite rebaptisée Mamy, fut acceptée et choyée de tous. Léon, le plus affecté, aima cette enfant avec fureur et dépensa des trésors de patience pour lui apprendre à parler. Il se montrait très fier des moindres progrès de sa fille, convaincu, malgré l'avis unanime des médecins, que son mal n'était pas irréversible. Une autre naissance qu'on n'espérait plus eut lieu en novembre.

Après plus de vingt ans de mariage, Emilia donna le jour à de ravissantes jumelles, Jacqueline et Françoise. On craignit que le bonheur rendît fou le bon René.

La canonisation de Jeanne d'Arc donna lieu à de nombreuses festivités religieuses. Pour la récompenser de sa sagesse, mais surtout parce qu'elle avait la coupe de cheveux correspondant au rôle, Dédette fut chargée de représenter la Pucelle enfant. La petite fille, vêtue en bergère et portant un agneau dans ses bras, fut trouvée merveilleuse par Titine et toutes les bigotes de la paroisse.

Jean était excédé par toutes ces messes, ces processions, ces spectacles en l'honneur de la nouvelle sainte. D'accord, elle avait sauvé la France, quoique cela lui parût impossible venant d'une fille, mais ce n'était pas une raison pour oublier une autre gloire française, contemporaine celle-là : Georges Carpentier, qui venait de battre en Amérique le champion du monde des mi-lourds. Georges Carpentier, héros des temps modernes, mais aussi héros de la guerre, ne s'était-il pas engagé volontaire dans l'aviation ? N'avait-il pas été cité deux fois ? N'avait-il pas eu la croix de guerre et la médaille militaire ? Il se consolait de l'indifférence montmorillonaise en se disant que les saints et les héros étaient rarement reconnus de leur vivant. Dans le meilleur des cas, on les ignorait; dans le pire, on les brûlait.

Avec la bande de copains habituels, Jean errait à travers la ville, l'âme en peine, assommé par l'horrible nouvelle : son héros, son idole et celle de millions de Français, venait de se faire battre par K.O. au quatrième round... Georges Carpentier, le gentleman, était battu par cette brute de Jack Dempsey à Jersey City. Ah ! il s'en souviendrait du 2 juillet 1921 !

La veille encore, il lisait dans *La Revue hebdomadaire,* à laquelle était abonné le père V., un long article intitulé « La gloire de Georges Carpentier » et signé François Mauriac. Bien qu'un peu trop littéraire à son

goût, cet article l'avait frappé. « *Si, selon le mot
fameux, nous ne sommes pas en France assez fiers de
notre Malebranche, il faut convenir que nous le sommes assez de notre Carpentier. Assez, d'ailleurs, ne
signifie pas trop. De toutes les valeurs humaines, celle
d'un champion peut seule être goûtée universellement :
il n'existe pas cinquante Anglais ni dix Américains pour
comprendre le plaisir que nous prenons à* Phèdre *; mais
l'éloquence du poing est accessible à tout homme
venant en ce monde. Surtout, le " noble art ", comme
on dit, dispense à ses fidèles un précieux bien : la sécu-
rité dans l'admiration; car le knock-out porte avec lui
son évidence et, si Georges triomphe de Dempsey, nous
serons sûrs de détenir le meilleur cogneur du monde
habité.* »

Maintenant, plus rien ne serait pareil. Alors, pour
oublier leur peine, les garçons raflèrent chez leurs
parents du vin, de la bière, de l'eau-de-vie, et se retrouvèrent dans le jardin de la route de Saint-Savin. Là,
dans la petite loge construite par Léon, ils prirent leur
première cuite. Ce n'est que tard le lendemain matin
qu'ils regagnèrent leurs foyers. Ils étaient si sales, si
déchirés, le visage et les mains écorchés, puant la
vinasse, que les parents, médusés, les plongèrent tout
habillés dans les bacs à linge.

Les mères grondèrent, mais les pères se montrèrent
indulgents.

A son tour, Geneviève fut mère. Quelque temps plus
tard, elle vint en visite chez ses parents avec son bébé.
Un soir où elle rentrait plus tard que d'habitude — elle
était allée voir une amie —, un homme surgit devant
elle à la hauteur du kiosque à musique de la place
Saint-Martial et lui barra la route. Plus surprise
qu'apeurée, elle s'arrêta.

« Que me voulez-vous ?

— Geneviève... »

Au son de cette voix, son cœur s'immobilisa, tandis qu'une grande faiblesse l'envahissait. Peut-être serait-elle tombée si la main de l'homme ne l'avait soutenue. Les battements de son cœur reprirent, désordonnés. Elle se laissa conduire jusqu'à un banc de pierre sur lequel il l'aida à s'asseoir avec de grandes précautions. Malgré le froid de décembre, elle avait très chaud, une fine sueur l'envahissait jusqu'à la racine des cheveux, une sensation d'étouffement oppressait sa poitrine. Avec une maladresse fébrile, elle retira ses gants et appuya ses mains nues sur le banc. Le contact froid de la pierre l'aida à recouvrer son calme.

« Je t'en prie, ne pleure pas. »

Quoi ? elle pleurait. Comment pouvait-on pleurer sans s'en rendre compte ? Cela la fit sourire.

« Mais non, je ne pleure pas, dit-elle en prenant le mouchoir qu'il lui tendait.

— Je t'aime, partons ensemble, je ne peux pas vivre sans toi.

— André, tu es fou... »

Debout devant elle, il avait posé ses mains sur ses épaules, et l'empêchait de se lever.

« Non, je ne suis pas fou. Je pense à toi sans cesse, à ton rire, à ton corps...

— Tais-toi... tais-toi...

— ... à ton corps, qu'un autre...

— Tu n'as pas le droit ! s'écria-t-elle.

— Mais je t'aime... je t'aime ! » balbutia-t-il en tombant à genoux, la tête enfouie dans la jupe de la jeune femme.

Geneviève, caressant les cheveux de celui qu'elle n'avait pu oublier, se laissait envahir par le bonheur d'être aimée.

Pour l'heure, plus rien ne comptait que ce sentiment de joie arrachée à une vie déjà décevante et que seule la naissance de son fils avait éclairée. Elle sentait à travers le tissu de sa robe le souffle chaud de l'homme. Un frisson inconnu la parcourut. Elle releva la tête lourde et contempla, à la lueur incertaine d'un lointain réverbère, le visage aimé couvert de larmes. Doucement, ses lèvres baisèrent les paupières rougies. Tout le visage, tout le corps d'André étaient à l'écoute de cette caresse.

Le vent souffla dans les branches dénudées des arbres de la place. Le carillon de l'église déchira le silence provincial. Une à une les heures sonnèrent. Le septième coup arracha Geneviève à son amoureuse contemplation.

« Je dois partir, murmura-t-elle, les lèvres sur les siennes.

— Non, pas encore... je veux te revoir... partons... tu m'aimes, je le sais. »

Repoussant les mains qui la retenaient, elle se leva, tapota sa jupe d'un geste machinal et remit ses gants en le regardant avec amour — mais avec une telle tristesse, qu'il comprit qu'elle allait dire quelque chose d'irrémédiable. Son attente, qui ne dura que quelques secondes, fut si douloureuse, que bien des années après il se souvenait dans ses moindres détails de la scène et des paroles prononcées.

« Oui, André, je t'aime et je sais, maintenant, que je n'aimerai personne d'autre... »

Le visage du jeune homme s'éclaira et l'étau de sa souffrance se desserra.

« ... mais je suis mariée, j'ai un enfant, et Paul m'aime.

— Mais tu ne l'aimes pas.

— Il est bon, et pour rien au monde je ne voudrais lui faire de peine.

— Et moi, est-ce que tu penses à la peine que tu me fais ? »

Elle sourit malgré elle : c'était le ton d'un enfant gâté.

« Je n'en suis pas responsable, c'est toi qui as choisi.

— Je n'ai rien choisi...

— Tais-toi, je t'en prie, ne recommençons pas cette discussion. Soyons amis.

— Jamais je ne serai ton ami.

— J'en suis triste, André; alors, adieu! »

Comme elle avait froid tout à coup! Elle remonta, frissonnante, le col de son manteau.

« Tu ne peux pas t'en aller comme ça... je t'aime... »

Geneviève descendit en courant les marches de la place, dévala la Grand'Rue et s'engouffra dans la boutique de modiste de ses sœurs.

Thérèse et Gogo étaient seules. Au bruit de la sonnette, elles levèrent la tête de leur ouvrage. Leur sourire de bienvenue disparut quand elles remarquèrent le visage bouleversé de leur aînée.

« Qu'y a-t-il? s'écrièrent-elles d'une seule voix.

— J'ai revu André. »

Le lendemain, sans pouvoir donner d'explication à ses parents, surpris et attristés de la brièveté de son séjour, Geneviève repartit chez son mari avec son petit garçon.

Elle ne revit André que quelques années plus tard. Il s'était marié avec Marguerite, la jeune fille à la dot. Quand leurs mains se touchèrent, ils surent qu'ils s'aimaient toujours et que pour eux le bonheur ne pouvait avoir que le visage de l'autre. Geneviève enfouit cet amour au fond d'elle-même et présenta à tous un visage serein, un regard empli d'une bonté si totale qu'on ne pouvait la voir sans l'aimer.

XIII

« Les dames du haut, les dames du bas... de la peau-
pille, en avez-vous ? Nettoyez vos greniers, voilà le chif-
fonnier ! »

Le père Rat tirait sa voiture à bras à moitié remplie
de chiffons, d'objets non identifiables, d'outils cassés,
d'un cadre de vélo. Sur les côtés de la carriole pen-
daient des peaux de lapin. Le moindre cahot faisait
bouger les yeux de verre d'une poupée sans bras, fice-
lée à l'avant.

« Dépêche-toi, mais dépêche-toi donc, grosse bête !
dit Jean en poussant devant lui Néné qui portait cinq
ou six peaux de lapin.

— Non, vas-y, toi, j'ai peur.

— T'as peur ? Oh ! la sacrée gourde !... Et de quoi t'as
peur ?

— J'ai peur du père Rat.

— T'as peur qu'il te mange, peut-être ? ironisa Jean.
Faut dire que, dodue comme tu es, un ogre n'y résiste-
rait pas.

— Arrête, tais-toi ! sanglota la fillette.

— Idiote, t'as pas honte à ton âge ? Ah ! elle est belle
la future communiante ! Il va bien rigoler l'archiprêtre
quand je lui dirai que la grosse Néné croit aux ogres,
aux fées et aux revenants.

— Tu ne lui diras pas. Si tu m'embêtes, tu n'auras

pas mes économies ni les sous de ma communion, et comme ça tu ne pourras pas commander l'appareil photo qu'on a vu dans le catalogue des Galeries Lafayette.

— Ça va, froussarde, donne-les-moi, tes peaux de lapin! »

Néné ne se le fit pas répéter et mit dans les bras de son frère les peaux séchées bourrées de paille.

Quand on voyait le père Rat pour la première fois, on comprenait la peur qu'il inspirait aux enfants — peur alimentée par les parents, qui, pour avoir la paix, menaçaient leurs rejetons de les vendre au père Rat. Le visage cabossé, mangé par une barbe disparate et roussâtre, un énorme nez violet boursouflé par l'alcool, des yeux chassieux sans cesse en mouvement, des hardes informes et puantes, enfin, un bicorne aux plumes mitées, en équilibre sur une longue tignasse mêlée de paille, de feuilles et de plumes : tout cela composait un ogre très vraisemblable pour les enfants de Blanche, nourris de contes de fées. Malgré cette apparence redoutable, le père Rat était un brave homme à qui on n'avait à reprocher que son goût immodéré pour la boisson. Même soûl, il restait calme et inoffensif.

« Salut Jeannot, qu'est-ce que t'as à vendre aujourd'hui? Des peaux? C'est pas la bonne période pour vendre.

— Allez, père Rat, faites un effort, c'est pour m'acheter l'appareil photo dont je vous ai parlé.

— J'sais ben, mais...

— Allez, soyez brave! Tiens, j'vais vous faire une proposition : la première photo que j'frai, ce sera la vôtre.

— C'est ben vrai, mon gars? Tu t'moques pas d'un pauvre homme?

— J'vous l'jure, dit Jean en levant la main droite et en crachant.

150

« – Alors j'achète... c'est ben parce que c'est toi. Tiens, voilà dix francs. C'est bien payé.

– Merci bien, père Rat, merci! »

Le bonhomme accrocha les peaux et repartit en criant :

« Les dames du haut, les dames du bas... »

Jean dit à sa sœur :

« Tu vois bien qu'il n'est pas si méchant, en montrant les pièces de monnaie.

– C'est dommage qu'on n'ait pas assez d'argent pour commander l'appareil avant ma communion. Tu aurais pu faire des photos de moi.

– Ça va pas? dit-il avec mépris en la regardant de haut en bas. Gâcher des plaques pour toi!

– Oh! tu es trop méchant! » s'exclama la petite, qui s'éloigna en sanglotant.

Elle se réfugia dans la cuisine, où l'atmosphère tranquille – et surtout, le morceau de chocolat que lui donna Blanche – calmèrent son chagrin. Elle sécha ses yeux avec un coin du torchon et s'installa près de Dédette, qui jouait à la marchande.

« Pourquoi pleures-tu?

– C'est Jean... je le déteste, je le hais. »

Dédette ne dit rien, mais sourit en pensant que les haines de Néné envers Jean ne duraient jamais bien longtemps. Elle reprit son jeu.

« Bonjour, madame, qu'est-ce que je vous sers aujourd'hui?

– Aujourd'hui? Je prendrais bien un kilo de pommes de terre, une livre de sucre, un litre de lait et deux kilos de bonbons », répliqua Néné, oubliant son chagrin.

Avec sérieux, Dédette pesa sur sa petite balance les plus petites pommes de terre trouvées dans la réserve familiale, le sucre (petits cailloux) et les bonbons (graines de citrouille). A l'aide d'un entonnoir de dînette de poupée elle versa le lait-eau dans une bouteille.

« Voilà, madame. Vous n'avez besoin de rien d'autre ? Des poireaux ? Des pommes ? De la viande ?

— Non, merci madame. Ce sera tout pour aujourd'hui. »

Equitablement, elles furent la marchande à tour de rôle. Cela les occupa jusqu'à l'heure du déjeuner.

Peu après la communion solennelle de Néné, Thérèse se maria à son tour. L'époux de la toujours turbulente jeune fille était assez joli garçon et aimait le football presque autant que les gueuletons bien arrosés. Grâce à Léon, le jeune couple obtint la gérance d'un bazar à Bellac. Très vite, Thérèse fut enceinte. Elle mit au monde un bébé qui mourut quelques heures après sa naissance.

A la fin du mois d'octobre, on inaugura, entre le Pont-Neuf et la sous-préfecture, un monument en hommage aux morts de la guerre. Une grande statue de bronze représentant une femme casquée, aux bras levés, portant d'une main une épée et de l'autre une couronne de laurier domina la Gartempe.

En attendant de passer à table, Léon lisait *L'Exelsior*, sur lequel s'étalait un gros titre : « Landru est mort sans avoir rien révélé de son secret. »

« C'est bien fait, s'écria Gogo en faisant sauter deux mailles à son tricot.

— On ne doit pas dire ça quand il s'agit de la mort de quelqu'un, dit Blanche en levant les yeux de son ouvrage.

— Sans doute, maman, mais dans ce cas il s'agit d'un monstre qui a assassiné tant de femmes qu'on n'en connaît pas le nombre.

— Bah! une femme de plus ou de moins, il n'a pas dû faire la différence. C'était un poète, ironisa Jean.

— Un poète! Tu es fou! s'exclama Gogo.

— Parfaitement, un poète. Ne récitait-il pas du Musset à la belle Fernande Segret? De plus, il était fou d'opéras. Tout pour te séduire, toi qui aimes la poésie et la musique. N'avait-il pas une barbe fleurie et le regard d'un faune?

— Arrête, tu n'es pas drôle.

— Les enfants, voulez-vous vous taire, vous dérangez votre père.

— Mais non, ma bonne, laisse... C'est affreux... ces milliers de morts en Grèce... Ce Mustapha Kemal est un monstre. Ah! une bonne nouvelle : la création d'un nouvel Etat d'Irlande. Après trois ans de lutte sauvage, ce n'est pas trop tôt.

— Papa, puis-je prendre *Le Petit Parisien*? demanda Gogo.

— Bien sûr, ma fille.

— Donne-le-moi, dit Jean en arrachant le journal des mains de sa sœur.

— Vas-tu me le rendre, sale gosse!

— Je me demande lequel des deux est le plus gosse. Est-ce que je joue encore à la poupée, moi? Et je n'ai pas vingt ans, dit Jean en courant autour de la table pour échapper à Gogo.

— Jean, arrête de taquiner ta sœur, donne-lui ce journal!

— Mais papa, c'est juste pour lui montrer quelque chose.

— Bon, alors, dépêche-toi! »

Sous l'œil furieux de Gogo, Jean s'appuya contre la cheminée et lut à voix haute en dernière page du journal : « La Garçonne *de Victor Margueritte. Lisez ce livre qui marquera de son empreinte la période littéraire actuelle. L'auteur n'a reculé devant aucune hardiesse de scène et d'expression quand il a cru que cela pouvait concourir à ses fins. Quand vous aurez lu ce roman passionnant, captivant, La Garçonne (Flammarion éditeur, un volume, 7 francs), qui, en bien des endroits, vous scandalisera peut-être, vous vous apercevrez que, de tant de bassesse, se dégage une pure et exaltante beauté. »*

« Je me demande, comment la bassesse peut engendrer une pure et exaltante beauté, dit Gogo d'un air sévère.

— Fais pas ton air de sainte Nitouché, je sais bien que ce genre de livre te fait rêver.

— Maman, ce n'est pas vrai, dis-lui de se taire et qu'il me donne mon journal !

— Viens le chercher, vieille fille !

— Maman, maman, il m'a appelée vieille fille. Mais je n'ai que vingt ans, monsieur, pourquoi me marierais-je ? Pour avoir des maris comme ceux de mes sœurs, et une tribu de mioches à torcher, merci bien ! J'ai assez de ceux d'ici. D'abord, je ne me marierai qu'avec un homme digne de moi.

— Digne de toi... tu me fais rire, ma pauvre fille ! » fit Jean en lui jetant le journal.

Gogo l'attrapa. Dans ses yeux brillaient des larmes de colère. Comme elle se sentait à l'étroit dans cette famille où chaque instant devait être occupé utilement, où l'on se moquait de son goût pour les romans d'amour ! Elle connaissait par cœur des passages entiers des ouvrages de Delly et regrettait que des héros si séduisants n'existent que dans les livres. Elle mettait en pratique les paroles d'un prédicateur entendues au cours d'une retraite des Enfants de Marie : « Gardez-vous tout entière pour celui qui sera votre époux. »

Gogo se rassit sur sa petite chaise près du feu et relut la publicité pour le livre de Victor Margueritte. Il faudra que je le commande, pensa-t-elle.

XIV

Lᴀ famille venait de passer à table, quand la sonnette de la porte d'entrée retentit. Peu après la bonne entra.

« C'est M. l'archiprêtre qui veut voir mademoiselle Gogo. »

Gogo quitta la table et rejoignit le saint homme au salon.

« Bonjour, monsieur l'archiprêtre, dit-elle en esquissant une révérence. Que...

— J'ai appris que tu allais à un bal masqué... pendant le carême. Toi, une Enfant de Marie ! » bredouilla le vieillard en lui coupant la parole.

Gogo baissa la tête, comme prise en faute. Mais de quoi se mêlait-il, ce vieux..., pensa-t-elle, ne trouvant pas ses mots dans son agacement. Il n'allait pas remettre ça pour un bal de rien du tout. Elle aimait danser, c'est vrai, mais n'était-elle pas toujours exacte aux offices, prête à rendre service à tous, écoutant avec respect les radotages des bigotes ? C'est à cause d'elles, elle en était sûre, qu'elle n'avait pas été élue conseillère, grade important pour une Enfant de Marie. Pourtant, elle en valait bien d'autres. Mais ces autres n'allaient pas au bal ! Cette fois, pas question de renoncer ! Elle avait trop envie de paraître dans son déguisement : une courte robe d'arlequine, en satin rouge et noir, qui découvrait ses jambes gainées de bas rouges qu'elle avait teints elle-même. Et ces chaussures noires vernies à boucle d'argent ! Ah ! non alors ! Il n'était pas question de manquer ce bal! Elle imaginait déjà les exclamations admiratives qui accueilleraient son entrée et celle de la fille de la couturière. Mais pour elle, pas de problèmes, elle n'était pas Enfant de Marie.

« Dis-moi, mon enfant, est-ce vrai ce qu'on m'a raconté? »

Avec une fausse désinvolture, Gogo répondit :

« Oh! j'avais oublié. C'est un bal très bien, j'y vais avec papa et puis... la danse, c'est un sport. »

Le vieux prêtre marchait de long en large dans le salon froid et chichement éclairé.

« Mais oui, mais oui, mais c'est un bal masqué... et le masque, tu le sais bien, c'est le mensonge.

— Quand vous me faites jouer *Polyeucte* et que vous me mettez une grande barbe, je suis bien déguisée.

— Tu as raison, mais c'est pour les bonnes œuvres, tandis qu'un bal masqué... »

Gogo le regarda, têtue, bien décidée à ne pas céder.

« Un bal masqué! Un bal masqué! » répétait le brave homme.

Gogo éclata en sanglots qui attirèrent son père. Bien ennuyé, l'archiprêtre expliqua la raison de ses pleurs.

« Vous comprenez, monsieur P., ce n'est pas convenable qu'une Enfant de Marie aille à un bal masqué, surtout pendant le carême. »

Léon tortillait sa moustache en regardant sa fille, signe chez lui d'une grande perplexité. On se quitta sans avoir rien décidé.

Un peu plus tard, on sonna de nouveau à la porte. C'était encore l'archiprêtre.

« Allez, ne pleure plus, je te donne l'autorisation. Mais ce masque, je te demande de ne pas le mettre.

— Mais ce n'est pas possible, il y a un concours, on est obligé d'être masqué un petit peu, dit Gogo avec un regard câlin en direction du prêtre.

— Un petit peu? Un petit peu?

— Oh! une heure, une petite heure. J'irai tard, le

concours est vers minuit. Je ne garderai pas longtemps mon masque, je vous le promets. Vous comprenez, monsieur l'archiprêtre, c'est ça l'amusement : être masquée, ne pas être reconnue.

— Bon, d'accord, mais pas plus d'une heure. Oh! ce masque, ce masque! »

Pour un peu, Gogo l'aurait embrassé.

Le bal fut un grand succès. Son amie Germaine et elle eurent le deuxième et le troisième prix. Le premier prix avait été attribué à la fille du directeur des postes, costumée en République.

Les deux jeunes filles s'amusèrent follement : leurs cavaliers, déguisés en mousquetaires, étaient bons danseurs et jolis garçons. Elles dansèrent jusqu'à quatre heures du matin.

Ce fut Marie L. qui fut élue conseillère cette année-là. Elle n'allait pas au bal, elle!

Une explosion ébranla tout le quartier et fit se précipiter dans la rue tous les habitants.

« Que se passe-t-il?

— On dirait que ça vient du jardin de la Titine. »

C'était bien, en effet, dans le jardin de la vieille fille que venait de se produire l'explosion. On se précipita. La rocaille centrale, abritant une statue de la Vierge, avait disparu. Près de l'emplacement de ce qui avait été l'ornement du jardin, se tenait, penaud, noirci et déchiré, Jean.

— Ma grotte, ma grotte! larmoyait Titine en tournant autour de Jean. C'est encore un de tes tours, chenapan! Cette fois, je vais le dire à ton père.

— Je t'en prie, ma bonne Titine, ne dis rien à papa, il me battrait. »

Pauvre petit, pour un rocher de rien du tout, il allait se faire gronder, battre, peut-être!

« Ce n'est rien, dit-elle en repoussant les voisins, rentrez chez vous. »

Les curieux se retirèrent en haussant les épaules, au moment où apparaissait, au-dessus du mur mitoyen, la tête du père D., le pâtissier, couverte de toiles d'araignées et de bouts de verre.

« Quel est l'enfant de sa... j'aurais dû m'en douter que c'était toi ! Toutes mes tartes sont perdues, pleines de morceaux de verre.

— J'vais vous aider à les retirer. Mais j'vous en supplie, monsieur D., ne dites rien à mon père ! »

Monsieur D., qui était un brave homme et qui aimait Jean plus qu'aucun de ses enfants, acquiesça en bougonnant.

Ils passèrent toute une partie de l'après-midi à débarrasser les gâteaux du verre et du plâtre qui les parsemaient et à balayer le local sinistré. Epuisés, ils s'assirent devant un verre de limonade.

« Peux-tu me dire comment tu as fait ton compte ?

— Il y avait une taupe sous le rocher. Alors, avec de la poudre noire, j'ai fait une bombe.

— Mais tu aurais pu te tuer !

— Je crois qu'elle était un peu trop forte, dit-il, songeur. La prochaine fois, je mettrai moins de poudre. »

Le pâtissier leva les bras au ciel en signe d'accablement.

Les années qui passaient renforçaient l'amitié que Monsieur V. portait à Jean. Pas une bêtise qu'il ne cachât, une blague qu'il ne supportât, une fable qu'il n'acceptât et une menterie qu'il ne dissimulât. Il n'était pas le seul à avoir cette attitude envers le garnement. Sans que l'on comprenne pourquoi, ce garçon insupportable, méchant, batailleur, bruyant, insolent, était aimé et protégé. Ce n'est pas que ses défenseurs fussent à l'abri de ses tours, mais Jean avait le don de savoir se faire pardonner. De ce fait, Léon ne connaissait qu'une faible partie des méfaits de son fils.

Jean continuait à rêver d'aviation. Il se voyait déjà, survolant les mers et les montagnes, les villes et les campagnes, battant tous les records, digne successeur des héros de la guerre. Monsieur V. hochait la tête tristement en entendant ce garçon, qu'il aimait, ne vivre que pour l'instant où il s'envolerait dans les airs. Le brave homme n'osait le mettre en garde contre une possible déception : n'avait-il pas perdu l'usage d'un œil ? Pour autant qu'il le sût, un aviateur avait besoin de ses deux yeux.

Un jour que Jean avait parlé avec plus de flamme que de coutume de son futur métier, Monsieur V., pour le distraire de son rêve, lui dit :

« Veux-tu que je te montre comment on se sert d'un sabre ?

— Un sabre ? Vous savez manier le sabre ?

— Quand j'étais à Paris, je fréquentais une salle d'armes du côté des grands boulevards. Mon prévôt d'armes était la meilleure lame de la capitale et même du pays, disait-on. A l'épée, il était imbattable; au sabre, redoutable. Avec lui, j'ai appris l'art subtil de l'escrime, les positions et les mouvements. Bientôt, le coup de manchette, la fente, la prise de fer, le froissement, le coup fourré, la riposte, l'estocade n'ont plus eu de secret pour moi. Attends-moi ici, tu vas voir ! »

Et Jean vit. Son vieil ami revint, brandissant avec fierté un sabre étincelant. Alors le jardin retentit d'exclamations et de cris, tandis que la pelouse souffrait sous les sautillements de l'escrimeur. Jean avait du mal à retenir son hilarité tant le bonhomme était comique avec cette arme dangereuse presque aussi grande que lui. Quand il s'arrêta, essoufflé, cramoisi et couvert de sueur, il tendit le sabre à son élève.

« Tiens, montre-moi si tu as compris », dit-il en se laissant tomber sur un banc.

Jean prit le coupe-choux en riant et, tenant l'arme à deux mains, parcourut le jardin en criant :

« A l'abordage... A l'abordage ! »

Alors, médusé, Monsieur V. assista à la plus étonnante passe d'arme de sa vie, à l'assaut le plus dévastateur qu'il eût jamais vu.

« Et tiens, une botte, tiens, un coup de manchette, tiens, une feinte, tiens, une octave, tiens, seconde, septime, sixte, taille et volte. »

A chaque mot, des fleurs et des feuilles tombaient, fauchées par une main ivre de l'odorant carnage.

« Arrête, arrête... » criait leur malheureux propriétaire.

Mais les cris, loin de calmer Jean, l'excitèrent. Ce ne fut que sa dernière victime tombée qu'il s'arrêta, contemplant d'un air satisfait le sol jonché de fleurs assassinées.

Hébété, Monsieur V. regardait autour de lui.

« Pourquoi ? » balbutia-t-il, les yeux pleins de larmes.

Jean le regarda, éclata de rire et, jetant le sabre au pied du jardinier accablé, quitta le lieu du combat et s'enfuit vers la rivière.

Le soir même, Monsieur V. trouvait devant sa porte un panier de roseaux rempli de poissons fraîchement pêchés.

Et, comme toujours, il pardonna.

Quelques jours plus tard, Jean connut sa première aventure amoureuse. C'était une laveuse accorte et bien en chair qui avait la réputation d'aimer « ça ». Pas jaloux le moins du monde, il partagea sa conquête avec ses copains.

Gogo venait de terminer *La Garçonne*, encore frémissante de dégoût, quand elle apprit que Victor Margueritte venait d'être radié de la Légion d'honneur. Bien que choquée par le livre, elle trouva qu'il ne méritait pas une telle insulte et admira la courageuse lettre d'Anatole France aux membres du conseil de la Légion : « *Ah! messieurs, vous avez le bonheur de vivre dans des régions sereines où vous n'avez pu voir se former les jalousies et les haines qu'on vous demande de sanctionner. Je vous en prie : abstenez-vous dans une affaire qui passe infiniment votre compétence. Craignez de censurer le talent. Respectons les droits sacrés de la Pensée qui trouvent dans l'avenir des vengeurs implacables.* »

Est-ce l'influence de cette lecture? Peu de temps après, Gogo se faisait couper les cheveux au grand scandale de Titine, de l'archiprêtre, des bigotes et des Enfants de Marie. Blanche et Léon s'abstinrent de tout commentaire; Néné trouva ça chic, Dédette, pratique, et Dédé n'eut pas d'avis. Contre toute attente, ce fut celui de Jean qui lui fut le plus agréable.

« Ça t'fait une toute petite tête, mais comme ça, t'as l'air libre. »

Et c'est vrai que, débarrassée de son chignon, elle se sentait plus libre, la romanesque Gogo.

Libres, les filles de Blanche l'étaient par rapport à leurs camarades.

Léon ne fit aucune objection quand, avec ses meilleurs copains, Jean monta une troupe théâtrale : « La Cigale. » Durant des jours et des jours, les garçons se réunirent chez Monsieur P. pour mettre au point leur premier spectacle dans lequel Néné et Gogo eurent un rôle important. René A. écrivit pour la deuxième partie une « super-revue-locale-opérette en 3 actes » intitulée : *Par vaux et par mont... morillon...*, qui eut un succès considérable. Le troisième acte : *Montmorillon, cité émancipatrice...* fut particulièrement applaudi. La verve ironique des comédiens n'épargna personne, ni le maire, ni les pompiers, ni l'archiprêtre, ni les dames comme il faut. Beau joueur, le public reprenait en chœur, sur des airs à la mode, les refrains de la revue :

> *C'est nous la ville lumière,*
> *C'est nous les gens très rupins;*
> *Nous n'avons plus de réverbère,*
> *Pour nous c'est bien trop commun,*
> *Nous ignorons les ténèbres;*
> *Les nuits pour nous sont des jours;*
> *Les rues autrefois funèbres*
> *Sont de vrais sentiers d'amour...*

ou encore :

> *C'est la sall' des fêtes*
> *Qui d'ici peu sera faite;*
> *A tout' les d'vantures*
> *On l'admire en miniature.*
> *Ce s'ra magnifique*
> *Eblouissant et féerique*
> *Ell' met la folie en tête,*
> *Sall' des fêtes.*

Les rimes n'étaient pas très riches, mais tous s'amusèrent. Pendant longtemps, on en parla. Par la suite, « La Cigale » monta un autre spectacle dans la nouvelle salle des fêtes enfin construite, qui remporta un succès analogue.

La sagesse de Dédette était citée en exemple à toutes ses camarades. Pas une cérémonie, une kermesse, une pièce où elle ne figurât un ange, Jésus ou Marie enfant, ou tout autre sainte connue pour sa bonté. Bien que très pieuse, il lui arrivait, en compagnie de sa meilleure amie, Renée C., d'être prise de fous rires à l'église durant les interminables offices. Scrupuleusement, elle confessait sa distraction. Elle était si bonne et si sage que, malgré son jeune âge − elle n'avait pas encore neuf ans −, elle devint un des apôtres de la Croisade eucharistique à la suite du vote de ses camarades. En tant qu'apôtre, elle était responsable de dix disciples auxquels elle devait donner le bon exemple et suggérer de faire des sacrifices pour la cause des missions, pour le pape, pour les infidèles. Les raisons ne manquaient pas. Le sacrifice le plus courant de ces jeunes enfants était de faire abandon de leur bâton de chocolat ou de toute autre friandise. A cet effet était accrochée, sous le préau, une grande boîte de bois fermée par un loquet avec sur le dessus une large ouverture. On appelait cette boîte, la boîte à sacrifices. Chaque jour, les enfants, soucieux de faire plaisir au bon Jésus, déposaient dans la boîte leur morceau de chocolat souvent entamé par de jeunes dents gourmandes, une moitié de pomme, un bonbon sucé seulement deux ou trois fois, un petit beurre auquel ne manquait que les quatre coins, une grappe de raisins où il restait encore quelques grains, un fouet de réglisse sans lanières, un joujou cassé mais tendrement aimé, une piécette de monnaie, bref, tout ce que le bon cœur de ces enfants leur suggérait.

Durant de longs mois, Dédette déposa chaque jour son goûter dans la boîte. Un matin, appelée sous le préau par un besoin pressant, elle vit la mère Delille décrocher la boîte, l'ouvrir, et − ce n'était pas possible! − vider le contenu dans la poubelle des cuisines. Mandée sans doute par une tâche plus urgente, la cuisinière laissa la boîte ouverte sur le banc où se reposaient les souillons. Dédette s'approcha, regarda et recula, le nez pincé de dégoût. A l'intérieur de la boîte, une bouillie infecte, collée aux parois, dégageait une odeur insupportable de pourriture. La petite comprit, les larmes aux yeux, à quel point elle avait été bernée. Sa piété n'en fut pas altérée, mais à partir de ce jour-là elle remit son goûter à une fillette de son choix. Ce fut à une petite orpheline, Marie-Louise F., qu'échut quotidiennement le sacrifice du goûter. Elle conseilla à ses disciples de faire la même chose sans leur préciser pourquoi, gardant pour elle l'horrible découverte, se refusant d'en parler à ses parents et à ses sœurs tant elle sentait, inconsciemment, que cette tromperie était grave et malhonnête.

Dédette prenait très au sérieux sa mission et son rôle d'apôtre. A la fin de chaque semaine, elle relevait les feuilles sur lesquelles les Croisés avaient inscrit le nombre de fois où ils avaient été à la messe, où ils avaient communié, les autres offices auxquels ils avaient assisté, les sacrifices qu'ils avaient faits ainsi que leurs bonnes actions. La petite fille faisait le compte et le remettait à la religieuse chargée de la croisade. Tous les deux mois, les feuilles étaient envoyées à Poitiers, à l'évêché.

Une fois par an, tous les Croisés du diocèse se rendaient dans la capitale poitevine pour assister aux cérémonies qui avaient lieu dans la cathédrale. Il y avait là des centaines d'enfants avec la bannière et les insignes de leur école, accompagnés de leurs parents. Chaque représentant d'une école devait aller sur l'estrade, élevée devant l'église épiscopale, où siégeait l'évêque, entouré de personnalités religieuses du département, et présenter son compliment au prélat. Puis, en procession, la foule pénétrait dans le lieu saint inondé de lumière, orné de fleurs et de bannières, tandis que sous les voûtes l'orgue rugissait. Devant ce déploiement de pompes liturgiques, chacun se sentait grandi, avait l'impression d'appartenir à quelque chose d'important. Portant fièrement les couleurs de l'Institution Saint-M., la petite Dédette marchait vers l'autel comme on marche au combat. Elle était vraiment soldat du Christ.

XV

A LA Pentecôte, Blanche emmena Dédette en pèlerinage à Lisieux remercier sainte Thérèse de l'Enfant-Jésus d'avoir permis à la petite de marcher. Se considérant à l'origine du miracle, Titine les accompagna, portant précieusement un ex-voto de marbre blanc au nom de la miraculée. Dédette fut très fière de voir son nom parmi les milliers d'autres.

Le temps des vacances venu, Dédette et Dédé allèrent, comme chaque année, passer quinze jours à Châteauroux chez l'oncle Louis et la tante Marie. C'était une corvée pour le frère et la sœur, qui ne devaient faire aucun bruit dans cette maison sans enfant. Le matin, ça allait encore; l'oncle les emmenait dans son potager où ils jouaient aux billes, à la marelle ou à la marchande. Quand le jardinier avait fini d'arracher ses légumes et arrosé ses fleurs, il leur taillait de petits jouets de bois. Mais, hélas! il fallait rentrer. Après le déjeuner, la tante Marie les enfermait dans leur chambre avec interdiction de parler de peur de troubler la sieste de l'oncle. A quatre heures, en grande tenue, dentelles, chaînes d'or, chapeau et ombrelle pour la tante, canotier et canne pour l'oncle, robe raide pour Dédette et costume marin pour Dédé, on allait au jardin public.

Les enfants, les mains gantées de coton blanc, portaient une pelle, un seau et un ballon rouge dans son filet. Arrivés au jardin, interdiction leur était faite de courir, de jouer au ballon ou sur le tas de sable de peur de se salir. On faisait plusieurs fois le tour des massifs en saluant des messieurs et des dames qui s'extasiaient sur la sagesse des gamins. Oh! que ces vacances étaient ennuyeuses!

Quand ils revinrent, une grande nouveauté les attendait : l'électricité. Dédette qui avait toujours été effrayée par les formes monstrueuses que faisait naître la lumière tremblotante des lampes à pétrole et des bougies ne se lassait pas d'allumer et d'éteindre l'ampoule de l'escalier. Dédé accepta avec sa placidité coutumière cet important changement.

C'était un enfant tranquille, toujours souriant, s'amusant avec la moindre babiole, plutôt silencieux. Comme tous les garçons de son âge, il adorait jouer aux billes, surtout au Tour de France. Gagner ou perdre lui était égal, ce qui lui plaisait, c'était le maniement des billes. Il aimait aussi jouer aux quilles sur lesquelles il dessinait des yeux et une bouche. Il appelait ça : jouer à la catin. Mais le grand jeu. c'était le cirque. Avec des caisses de carton ou de bois léger et des boîtes de cirage vides, ses camarades et lui construisaient des voitures dans lesquelles ils mettaient des souris blanches et des cochons d'Inde dressés. Les enfants traînaient ces véhicules à travers la ville, précédés ou suivis par un grand basset, Sap, accompagné du tambour de Bébert et du sifflet de Jacquot.

« Attention! voilà le cirque, tous à la représentation! »

Les jeunes spectateurs prenaient place tout autour de l'édifice, escaladant les grilles pour mieux voir. Quand tout le monde était installé, le spectacle commençait. D'abord venaient les cochons d'Inde blancs de Maurice qui grimpaient à une échelle tenue par leur maître, puis les souris de Georges qui grimpaient et descendaient à une vitesse folle le long d'un bâton, les cochons roux de Dédé qui tiraient un petit chariot dans lequel avaient pris place trois souris blanches. Le clou du spectacle était un énorme cochon d'Inde roux et blanc qui sautait à travers un cerceau enflammé. Le public, satisfait, applaudissait à tout rompre.

Une voix terrible faisait trembler les murs de la salle à manger :

« Descendras-tu, femme, descendras-tu...

— Encore un moment, Seigneur, je n'ai pas fini ma prière... Anne, ma sœur Anne, ne vois-tu rien venir ?

— Je ne vois que l'herbe qui verdoie et le ciel qui poudroie.

— Descendras-tu, femme, descendras-tu...

— Arrête de crier comme ça, Léon, tu vas faire peur aux enfants, gronda Blanche en posant la chaussette qu'elle raccommodait.

— Oh! non, maman on aime bien avoir peur! » dit Dédette qui, assise aux pieds de son père, se blottissait contre lui.

Léon, Dédé sur un genou et la petite Mamy sur l'autre, déployait son talent de conteur dans *Barbe-Bleue*.

« Core, papa, core », bredouilla Mamy.

Léon embrassa les cheveux noirs de sa fille avec émotion et se tourna vers sa femme.

« Tu vois bien que cette petite comprend tout. Je continue, ma mignonne.

— Pitié, Seigneur, j'arrive... Anne, ma sœur Anne, ne vois-tu rien venir ? »

Gogo leva les yeux de son livre avec une moue agacée. Pas moyen avec tout ce bruit de lire tranquillement *L'Atlantide*, le nouveau roman de Pierre Benoit.

Elle regarda sa mère. Blanche avait repris son ravaudage. Une larme coulait sur sa joue pâle. Le cœur de Gogo se serra; elle eut un élan vers cette femme meurtrie, mais se contint, sentant que sa tendresse serait impuissante à la consoler. Elle contempla à la dérobée la détresse muette de sa mère, et la compara à l'optimisme affiché de son père — qui, la jeune fille en était sûre, cachait une souffrance analogue. Attristée, elle se réfugia dans son livre.

Toute la famille prit le train pour se rendre à T., chez Geneviève, qui venait d'avoir un autre garçon, Jacques. Bien que la petite ville ne fût située qu'à douze kilomètres, il fallait une heure et demie pour faire le voyage à cause de manœuvres compliquées à Journet. Dédette et Dédé aimaient bien les manœuvres. De nature inquiète. Blanche redoutait toujours qu'un de ses enfants ne tombe par la portière et les bourrait de gâteaux secs dans l'espoir de les faire tenir tranquilles. Jean, qui avait daigné venir, commentait la victoire de Suzanne Lenglen à Wimbledon.

« Pour une femme, ce n'est pas trop mal. »

Gogo leva les yeux au ciel, excédée.

« Pourquoi tu dis toujours du mal des femmes ? demanda Dédette en décollant son nez de la vitre de la portière.

— Il n'en sait rien lui-même, c'est pour se donner un genre, fit Gogo, dédaigneuse.

— Pour me donner un genre ! ironisa Jean. Tu n'y es pas, pauvre gourde ! Les bonnes femmes, c'est qu'une source d'ennuis, ça ne pense qu'à papoter, qu'à dépenser de l'argent pour des robes et des chapeaux ridicules, qu'à faire des grimaces comme les singes...

— Singe toi-même, tu ne t'es pas regardé, coupa Gogo.

168

— Arrêtez, je vous en prie, vous fatiguez votre mère, dit Léon.

— Entendre des choses pareilles en 1925, bougonna Gogo.

— Faut pas croire qu'en 1925 les femmes soient moins idiotes qu'avant ! »

Jean évita de justesse le canotier lancé d'une main furieuse par la jeune fille offensée.

« Pauvre type ! »

Heureusement, le train entrait en gare. Sur le quai les attendaient Geneviève, Paul et le petit Jean, avec le bébé dormant dans son landau. Emus, Léon et Blanche se penchèrent sur leur deuxième petit-fils.

« Il te ressemble, dit Blanche à Léon.

— Non, non, répliqua-t-il, c'est à toi qu'il ressemble.

— Je crois qu'il ressemble surtout à son père », dit Geneviève en riant.

En 1926, Blanche fut grand-mère pour la troisième fois. Thérèse donna naissance à une ravissante petite fille, qu'elle appela Ginette. Blanche partit quelques jours à Bellac, où était installé le jeune couple pour l'aider dans ses nouvelles fonctions de mère. Elle confia la maison à Gogo.

Il fallait bien une telle responsabilité pour distraire le chagrin de la romantique jeune fille : Rudolf Valentino, le Cheik, venait de mourir. Son chagrin fut encore atténué quand elle vit *La Ruée vers l'or* avec l'irrésistible Charlot, en compagnie de ses amies Germaine et Mimi. Et puis, il y avait un jeune homme si séduisant, Henry, venu passer quelques jours chez des amis de sa famille, avec lequel elle dansait cette nouvelle danse étonnante, le charleston. Non seulement c'était un bon danseur, mais aussi un causeur charmant. Avec lui, pas un instant d'ennui, rien à voir avec la grossièreté des amis de son frère Jean; elle pouvait parler littérature, échanger des idées. Cependant, quand il lui proposa de lire Gide, elle refusa, choquée que l'on puisse proposer à une jeune fille la lecture d'un auteur aussi décrié.

Cette année-là, Néné quitta l'école où elle n'apprenait rien et resta à la maison pour aider sa mère. Jean obtint d'aller à Paris dans une école d'aviation. Son rêve allait enfin se réaliser.

La veille de son départ, il organisa une formidable beuverie à la loge du jardin de la route de Saint-Savin. Tous les copains en furent : René, Maurice, Raoul, Georges et bien d'autres. L'orgie dura toute la nuit. Ils remontèrent la Gartempe en barque en braillant des chansons obscènes.

Le lendemain, monsieur V. alla remplacer les carreaux cassés de la loge comme cela lui était arrivé souvent, ce qui faisait dire à Léon : « C'est curieux, le mastic ne sèche pas ici. »

Une des rares désobéissances de Dédette était de lire la nuit dans son lit à l'aide d'une lampe électrique, la tête enfouie sous les draps. Scrupuleuse, elle s'en confessait. Pour elle, ne pas le dire, eût été un péché. Incapable de la moindre méchanceté, du plus petit mensonge, Dédette était une fillette heureuse, bien dans sa peau, aimant ses parents, ses frères et sœurs, ses amies Liline et Renée et, bien sûr, le Bon Dieu. Pour rien au monde, elle n'eût voulu lui faire de la peine. Elle avait très peur de l'enfer, mais surtout du diable. Jamais, elle ne se serait endormie sans avoir fait sa prière et mis des fleurs à la sainte Vierge pendant le mois de Marie. On avait beaucoup remarqué son recueillement le jour de sa Communion solennelle.

Elle ne disait jamais rien dont elle ne fût parfaitement sûre. Ainsi, si Renée, sa meilleure amie, lui demandait : « Iras-tu au cirque ce soir ? » elle répondait : « Peut-être », alors qu'elle savait très bien que chaque fois qu'un cirque passait à Montmorillon, ses parents les emmenaient, ses frères et elle. Mais, son père ne l'ayant pas formellement dit, elle n'osait l'affirmer.

Dédette rêvait de savoir monter à bicyclette. Un camarade qui avait un vélo se proposa pour lui apprendre. Cette première expérience se solda par une chute assez rude. Elle recommença, mais elle tombait tout le temps, ne sachant pas s'arrêter. Le garçon eut une idée : il attacha une longue corde à la selle, et, quand elle criait « stop », il tirait sur la corde. Ce stratagème arrêtait la course mais, la plupart du temps, n'empêchait pas Dédette de tomber.

« T'es vraiment pas douée! » disait son compagnon en hochant la tête.

Un jour, les lacets de ses espadrilles blanches se prirent dans les rayons. La chute fut spectaculaire et les lacets perdus. Léon gronda sa fille plus à cause de la peur qu'il eut en la voyant revenir ensanglantée que de la perte de ses lacets.

XVI

« MADEMOISELLE NÉNÉ, arrêtez de bouger, vous allez vous faire piquer ! »

La couturière mettait à la taille de la jeune fille une robe de bal mauve ayant appartenu à Gogo. Bien sûr, Néné aurait préféré une robe neuve, mais, tout à la joie d'aller à son premier bal, elle trouvait celle-ci très bien. La psyché de la couturière lui renvoyait une silhouette ravissante, quoique un peu ronde pour la mode de l'année 1927. Elle sourit à son image avec complaisance, caressa de sa main potelée la soie de la robe et fit bouger ses cheveux courts et bouclés.

Très élégante dans sa robe de satin beige soulignée de noir, Gogo fit une entrée remarquée au bras de son père. La rieuse Néné, si jolie dans sa robe mauve ceinturée d'argent, ne passa pas non plus inaperçue. Elle ne manqua pas une danse et Laurent C. fut son cavalier attitré. Celui de Gogo était un jeune homme de dix ans son aîné, André C., que toutes les jeunes filles admiraient pour son élégance et surtout pour sa voiture, une des premières de la ville.

Vers une heure du matin, Léon, fatigué, confia ses filles aux deux jeunes gens, qui promirent de veiller sur elles et de ne pas les ramener trop tard.

Ils les raccompagnèrent vers quatre heures, après une promenade à travers la campagne, tandis que s'éteignaient les dernières étoiles.

Néné, à moitié endormie, appuya sa tête sur l'épaule de Laurent. Le garçon se pencha et embrassa doucement les lèvres de sa cavalière. Surprise, troublée, Néné se laissa faire, se demandant ce qui lui arrivait.

Dans sa chambre, elle se précipita devant un miroir pour voir si l'on remarquait la trace de ce premier baiser. Elle caressa du bout du doigt le contour de sa bouche, essayant de retrouver la douceur du contact, et ferma les yeux pour mieux savourer ce merveilleux souvenir. Quand elle les rouvrit, elle regarda avec étonnement et fierté cette « femme » aux yeux brillants, aux pommettes rouges, aux cheveux décoiffés dont la fragile robe s'était déchirée dans l'ardeur de la danse. Elle s'étira en murmurant :

« Hum... que c'est agréable, les bals ! »

Jean, qu'une mauvaise grippe avait ramené à Montmorillon, ne se remettait pas de la disparition de deux de ses héros, Nungesser et Coli, à bord de *L'Oiseau blanc*. Mais l'annonce, le 21 mai, de l'atterrissage au Bourget de Charles Lindbergh sur son *Spirit of Saint Louis*, après 33 heures de vol, lui rendit optimisme et santé. Ah ! que la vie était belle ! Comme eux, lui aussi serait un héros volant. Qu'importe si la mort était au bout ! Tout à ses rêves de gloire, il n'entendit pas la petite Mamy entrer. L'enfant tenait dans sa main un vieil abécédaire ayant appartenu à ses frères et sœurs. Avec un grognement qui ramena Jean sur terre, elle le lui tendit.

Alors, ce garçon brutal, peu enclin aux démonstrations de tendresse, prit cette petite sœur au cerveau débile et l'assit sur ses genoux en lui chantonnant un air. Mamy s'installa confortablement entre les bras de son grand frère et ouvrit le livre en disant :

« Lire, Han. »

Bouleversé, le jeune homme regardait tour à tour le livre et le visage inexpressif aux yeux ronds, dans lesquels il ne voyait aucune lueur d'intelligence.

« Lire, Han, lire », répéta Mamy.

En mettant son doigt sur la première lettre de l'alphabet, entourée d'un arbre, d'un âne, d'un Arabe, d'un abricot, d'un accordéon, d'une autruche, Jean se revit assis auprès de sa mère, sous la lampe, tandis qu'elle lui disait, en lui montrant les dessins :

« Regarde bien, tous ces mots commencent par la lettre A. »

A son tour, il tenait le même livre, mais l'enfant qui le regardait ne saurait jamais lire.

« A, A », dit Mamy.

Jean cessa de respirer.

« A, A », répétait l'enfant en mettant son doigt sur la lettre.

Fou d'espoir, il lui montra les lettres suivantes. A chaque fois elle disait A, mais elle reconnut le E, le I, le O et le U.

« Ce n'est pas si mal, pensa Jean; après tout, elle n'a que six ans. A son âge, Dédé ne connaissait pas ses voyelles. »

Pendant une heure, avec une patience étonnante, il essaya de lui apprendre de nouvelles lettres. Sans succès, hélas! elle ne connaissait parfaitement que les voyelles.

Quand Léon entra pour lui demander s'il voulait l'accompagner à la pêche, Jean lui dit avec un visage comme éclairé de l'intérieur :

« Elle sait lire, papa, elle sait lire. »

Les yeux du père brillèrent de fierté.

« J'ai toujours dit à ta mère que cette petite était

intelligente et qu'avec du temps et de la patience, elle sera comme les autres.

— J'en suis sûr », dit le jeune homme en détournant la tête pour cacher ses larmes.

Mamy réussit à apprendre les lettres de l'alphabet et les chiffres jusqu'à dix, mais son savoir n'alla jamais au-delà.

André C., le cavalier de Gogo, vint demander à Jean de l'aider à se débarrasser des rats qui infestaient les entrepôts de peausseries de la route de Saint-Savin. Le jeune homme prit sa carabine et, suivi de la chienne de Titine, Coquette, se rendit un soir dans les bâtiments envahis.

André C. tenait la lampe électrique. La lueur dérangea des centaines de rats qui commencèrent à bouger. Ce fut le signal. Durant plus d'une heure, la chienne et l'homme massacrèrent les rongeurs. Bientôt, plus rien ne bougea. On alluma la lumière : le spectacle était répugnant. Des dizaines de cadavres répandaient une odeur infecte, masquant presque celle des peaux. On compta quatre-vingt-seize morts. On fêta cette tuerie au café du Commerce autour de nombreuses bouteilles de champagne.

« Mon Dieu, bénissez papa, maman, mes frères et sœurs et surtout ma petite sœur Mamy ! »

Ses mains croisées, aux jointures blanchies tant elle les tenait serrées, Dédette priait de toute son âme à la grand-messe célébrée dans la chapelle de l'Institution Saint-M.

Comme chaque année, les demoiselles de l'institution faisaient une grande retraite qui durait trois jours. Durant ces trois jours, elles allaient à la messe et recevaient la communion. A la sortie, on leur servait au réfectoire un bol de café au lait accompagné d'une tartine de pain beurré. Ensuite, après une courte récréation, on leur lisait des textes pieux sur lesquels elles devaient méditer. Elles déjeunaient obligatoirement à l'institution, puis retournaient à la chapelle, où un prêtre, quelquefois un père missionnaire, venait leur faire un sermon. Ensuite, les retraitantes allaient en procession à travers les charmilles du jardin — chantant des cantiques — prier devant une statue du Sacré-Cœur. Au retour, après un bref goûter, on leur faisait la lecture de *La Vie des saints* tandis qu'elles mettaient à jour leur carnet de retraite. Chaque jeune fille apportait un soin particulier à la tenue de ce carnet : images pieuses soigneusement collées, fleurs séchées, maximes édifiantes minutieusement calligraphiées, dessins amoureusement coloriés. Chacune était convaincue que le sien était le plus beau.

A la fin de la retraite, les élèves déposaient sur un plateau d'argent un petit papier plié marqué de leur nom et d'une croix, sur lequel elles avaient inscrit leurs bonnes résolutions. Durant toute la grand-messe, ce plateau et ces petits papiers restaient sur l'autel. L'office terminé, le prêtre les bénissait. Puis, à l'appel de son nom, chaque retraitante s'avançait vers l'autel, s'agenouillait, recevait la bénédiction de l'ecclésiastique, passait devant la Supérieure, qui l'embrassait et lui remettait son papier, faisait une révérence et regagnait sa place.

Dédette sortait de ces trois jours de retraite et de prière bouleversée par l'amour de Dieu.

C'est en faisant son service militaire que Jean apprit qu'il ne serait jamais aviateur : son œil mort lui interdisant de voler. Sa douleur et sa fureur furent telles qu'on craignit qu'il n'attente à ses jours. De solides beuveries et l'amitié de ses camarades et de ses supérieurs l'aidèrent à surmonter cette cruelle déception. Mais quelque chose s'était brisé en lui, accentuant son caractère cynique.

Pour son deuxième bal, Néné avait enfin une robe neuve, blanche avec des fleurs sur l'épaule. Celle de Gogo était du même modèle, mais de couleur bleue. Ce bal ne ressembla pas au premier, elles s'ennuyèrent malgré leurs nombreux cavaliers, regrettant l'absence de Laurent et d'André.

Néné dansa beaucoup avec un jeune homme qu'elle connaissait depuis son enfance, Georges M., qui voulait faire carrière dans l'armée. Néné le vit ce soir-là avec des yeux différents, séduisant dans son uniforme, gai, hâbleur et bon danseur. Deux ans plus tard, à dix-huit ans, elle l'épousait.

Gogo et son amie Germaine lui servirent de demoiselles d'honneur, l'une en tulle rose, l'autre en tulle bleu. Toute la famille fut à nouveau réunie, à l'exception de Thérèse, qui venait d'accoucher d'un petit garçon.

Quelques jours avant la cérémonie, on avait inauguré la grande salle des fêtes. La première représentation obtint un succès considérable.

Au café du Caveau, dans la Grand'Rue, René A. et Maurice P. attendaient Jean en écoutant un disque que la patronne venait de mettre sur son phono.

> *Parlez-moi d'amour,*
> *Redites-moi des choses tendres,*
> *Votre beau discours,*
> *Mon cœur n'est pas las de l'entendre,*
> *Pourvu que toujours*
> *Vous redisiez ces mots suprêmes :*
> *Je vous aime...*

« Voilà bien une chanson pour bonne femme, dirait Jean, fit Maurice en terminant son verre.

— Sûr ! » acquiesça René.

Les deux amis restèrent un moment silencieux, écoutant Lucienne Boyer.

« Tu crois qu'il faut lui parler de la victoire de Costes et Bellonte ? dit Maurice.

— Je n'en sais rien. La dernière fois, pour Mermoz, ça été terrible.

— Oh ! là ! Quelle bagarre, j'ai bien cru qu'il allait nous tuer. Patron, s'il vous plaît, une autre tournée !

— Pauvre vieux, murmura René, que pouvons-nous faire pour lui ? »

La porte du café fut poussée avec une telle violence qu'elle claqua contre le mur. Jean entra, les joues rouges, la démarche incertaine. Au pli amer de sa bouche, à ses yeux mauvais, Maurice et René virent qu'il connaissait la nouvelle.

« Salut les copains ! On rigole ? C'est un grand jour pour la France, pas vrai ? Faut arroser ça. Patron, à boire ! »

Les deux garçons regardaient leur ami, le cœur serré. Pour montrer leur solidarité, ils se soûlèrent avec lui.

Ce fut le lendemain de cette beuverie mémorable que Jean annonça à son père qu'il quittait l'école d'aviation puisqu'il ne pouvait pas être pilote.

« Que vas-tu faire, mon pauvre petit ?

— Le père Charretier m'a trouvé une place à Nantes dans une usine où son neveu est contremaître.

— Dans une usine...

— Là ou ailleurs, pour moi maintenant tous les métiers se valent.

— Alors, pourquoi ne resterais-tu pas ici, à travailler avec moi. Je me fais vieux, tu pourrais prendre la suite.

— Pas question ! Tu me vois dans cette sacrée boutique à vendre de la sacrée camelote à de sacrées bonnes femmes ? »

XVII

Dédette avait maintenant dix-sept ans. Son visage conservait des rondeurs enfantines. Elle se faisait surtout remarquer par l'éclat de ses grands yeux noirs. Afin d'aider son père au magasin, elle apprenait la comptabilité, le secrétariat et la sténo-dactylo.

Pour son premier bal — mais ça n'avait pas vraiment été un premier bal puisqu'elle n'avait pas eu de robe neuve, seulement la courte robe de tulle rose du mariage de Néné — on avait joué des rumbas pour la première fois à Montmorillon. Dédette avait très vite appris le nouveau pas qu'elle trouva amusant, tout en préférant la valse, le charleston et le fox-trot.

Aussi se préparait-elle, fébrilement, pour son deuxième bal, celui de la société de pêche : le Chaboiseau. Elle avait acheté à la maison R., celle qui avait le plus grand choix de tissus de la ville, un magnifique crêpe georgette blanc. Paul R., le fils de la maison, lui avait dit :

« Je veux l'étrenner, cette robe. »

Elle en avait rougi de plaisir.

Il y avait des mois qu'avec ses amies Liline et Renée, elles parlaient de cet événement important : le bal du Chaboiseau. Elles avaient consulté de nombreux journaux de modes, discuté longuement du choix du modèle, vu la couturière, et s'étaient assuré qu'aucune autre ne se faisait faire la même robe. Les trois amies avaient été à Poitiers acheter leurs chaussures. Pour porter avec sa robe blanche, Dédette avait choisi de fins escarpins en lamé argent tandis que Liline et Renée, qui s'étaient fait faire des robes à fleurs indentiques, avaient choisi des escarpins en lamé doré.

Quelques jours avant le bal, l'agitation fut à son comble; les jeunes filles allaient les unes chez les autres, essayant de nouvelles coiffures, de nouveaux pas de danse au son d'un gramophone.

Enfin, le jour tant attendu arriva. Dès l'aube de ce matin d'été, la jeunesse de la ville se retrouva sur la place de la mairie, chapeaux de paille sur la tête, gaule sur l'épaule et panier au côté, impatiente de partir, au son de la fanfare, sur les routes poudreuses menant au lieu du concours de pêche. Avant le départ, chacun se vit attribuer un numéro tiré au sort qui désignait sa place sur le bord de la rivière. Enfin, vers sept heures, on se mit en route en chantant à tue-tête l'hymne du Chaboiseau. Arrivé dans les prés bordant la Gartempe, chacun se mit en quête de son emplacement. Durant trois heures on pêcha dans un silence relatif. Le clairon du père Chabichou annonça la fin du concours. Avec des cris et des rires, des groupes s'installèrent le long des haies sous les trop rares arbustes du champ et tirèrent des paniers le repas du pique-nique. Jeunes et vieux mangeaient de bon appétit, échangeaient pâtés ou saucissons, se passaient les bouteilles dans une bonne humeur croissante. Après ces agapes, les participants les plus âgés éprouvèrent le besoin de faire un petit somme tandis que certains jeunes gens s'égaillaient dans le bois voisin. Sagement, Dédette, Gogo, Liline et Renée restèrent avec les deux frères Paul et Pierre R., Henry, un soupirant de Gogo, et Clément D., un assez beau garçon qui était venu se joindre à eux. Tous parlaient à voix basse pour ne pas déranger les dormeurs. Vers cinq heures de l'après-midi, on repartit musique en tête, portant dans le panier le produit de la pêche. Dédette n'avait que trois ablettes et deux gardons, mais c'était mieux que Renée, qui n'avait que deux minuscules poissons. Le soir, avant le bal, on remit les prix. Renée eut le dernier prix : un paquet de papier à cigarette. Enfin le bal commença.

Comme prévu, Dédette étrenna sa robe avec Paul R., qui semblait la trouver très à son goût. Elle dansa aussi plusieurs fois avec le joli garçon du pique-nique, pourtant assez piètre danseur.

Les cavaliers habituels de Gogo, André C. et Laurent C., avaient fait préparer, dans une petite salle à manger de l'hôtel où se tenait le bal, un confortable médianoche, sur lequel tous se jetèrent. Leur faim et leur soif apaisées, ils retournèrent danser.

L'aube se levait quand les jeunes gens, les pieds endoloris, mais heureux de cette longue et agréable journée, rentrèrent chez eux.

Dédette s'endormit en pensant à Clément D, le jeune homme inconnu de l'après-midi.

XVIII

Toute la matinée, Léon, aidé des deux commis, de Dédette et de Dédé, déchargea un camion de vaisselle qu'on venait de lui livrer. Cela tombait bien, car avec les fêtes, on allait manquer de marchandise. Malgré le froid intense de cette fin d'année, Léon, en sueur, avait retiré sa veste, ne gardant que le vaste cache-nez qu'il ne quittait pas de l'hiver. Le soir, au dîner, il dit à Blanche :

« Ma bonne, je crois que j'ai attrapé du mal. Veux-tu me mettre des ventouses avant d'aller dormir ?

— Bien sûr, mais tu n'es pas raisonnable. J'ai bien vu que tu avais ôté ta veste, toi qui es si fragile.

— Ce ne sera rien, un simple refroidissement. »

Malgré les courbatures et la fièvre qu'il sentait monter, Léon se trouvait bien. Il regarda les siens autour de la table familiale : Blanche, toujours si belle, Gogo qui ne se mariait pas (mais c'était mieux ainsi, il n'aimait pas voir ses enfants partir), Dédette, son doux visage brillant sous la lampe, Dédé qui ne voulait plus aller à l'école, et Mamy, sa petite dernière, son éternel bébé. Jamais elle ne le quitterait. Il s'en voulut de cette pensée égoïste, mais la chassa pour ne pas gâcher ce fragile instant de bien-être. Jusqu'à sa mort, il se battrait pour arracher son intelligence aux ténèbres. D'ailleurs, elle avait fait de grands progrès, même les médecins de Poitiers, de Limoges et de Tours le reconnaissaient. Et quand bien même elle ne guérirait pas (jamais il n'avait voulu admettre que l'état de Mamy était irréversible), ne serait-il pas toujours là pour la chérir et la protéger ?

Soudain, la sirène d'alerte brisa sa rêverie. Un seul coup, c'était un incendie. Il se leva au moment même où l'on frappait avec vigueur à la porte d'entrée. La bonne ouvrit et Dédé en profita pour s'échapper.

« Y a le feu au café de l'Europe », dit le marchand de vélos.

Léon sortit dans la rue. La neige commençait à tomber. Au-dessus des toits sombres, on voyait une grande lueur. Les pompiers passèrent en courant, tirant la pompe à incendie.

« C'est un feu de cheminée, cria Dédé, en revenant tout essoufflé.

— Les enfants, mettez la paille qu'on a ôtée des caisses de vaisselle dans la voiture à bras, dit Léon en enfilant son manteau.

— Tu ne vas pas aller là-bas avec la fièvre que tu as ! s'écria Blanche en prenant la main de son mari.

— Mais, ma chérie, ils ont besoin de moi,

— Ils ont toujours besoin de toi. Dès qu'il y a une corvée, on fait appel à toi. Tu es trop bon, cela te tuera.

— Enfin, Blanche, tu ne vas pas m'empêcher d'aider nos voisins.

— Mais tu es malade !

— Ne t'inquiète pas, je me sens déjà mieux.

— Papa, papa, crièrent Dédette et Dédé, on a fini de charger la paille.

— C'est bien, j'arrive ! »

Après un baiser sur le front de Blanche, Léon se précipita dans la remise et s'attela à la voiture. Quand il arriva sur les lieux de l'incendie, la chaîne était déjà organisée. Les seaux d'eau circulaient pour remplir la pompe à bras.

« Cela ne sert à rien, dit Léon, un feu de cheminée, il faut l'étouffer. »

Le capitaine des pompiers, complètement dépassé, acquiesça.

« Aidez-moi à mouiller la paille. »

Soulagé d'être débarrassé d'une aussi lourde responsabilité, le capitaine bénévole se montra efficace en appuyant une longue échelle contre le mur du café. Léon monta, un paquet de paille mouillée sous le bras. La pente du toit n'était pas très forte ce qui lui permit, malgré la neige qui tombait doucement, de se hisser sans trop de difficulté jusqu'à la cheminée, dans laquelle il jeta la paille. Derrière lui, d'autres hommes étaient montés et lui passèrent la paille. Bientôt, le feu s'éteignit.

En bas, les gens applaudirent.

Agile, malgré ses soixante-deux ans, Léon descendit. Tous se précipitèrent pour le féliciter. Les propriétaires offrirent une tournée générale. Léon, qui n'allait jamais au café, ne put refuser. Il but un vin chaud qu'il trouva bon. Dehors, la neige se mit à tomber en rafales.

XIX

Le docteur Quincy rabaissa le drap sur le torse du malade. Il rangea son stéthoscope dans sa mallette, puis s'avança vers le poêle, qui dégageait une forte chaleur. Ses mains se tendirent machinalement au-dessus de la fonte chaude.

Blanche ne le quittait pas des yeux. Un silence pesant s'établit dans la chambre, troublé seulement par la respiration oppressée de Léon et le ronflement du feu.

Quand le médecin releva la tête, son regard rencontra, dans la glace qui lui faisait face, celui de cette grande femme si mince dans ses vêtements noirs. Lentement, il se retourna, alla vers elle et, la prenant par le coude, l'entraîna loin du lit.

« J'ai fait tout ce que j'ai pu. L'opération l'a soulagé, mais il était déjà trop tard. Prévenez vos enfants. C'est une question de jours, d'heures peut-être. »

Les yeux de Blanche s'élargirent dans une expression d'horreur. De ses poings fermés, elle étouffa un cri. Le médecin lui tapota l'épaule avec maladresse et sortit la tête basse.

Stupide de souffrance, Blanche regardait cette porte qui venait de se refermer sur l'impitoyable verdict. Léon toussa, et cette toux fouailla le corps de sa femme. Sa douleur fut si grande qu'elle dut s'appuyer à la cheminée pour ne pas tomber. Le froid du marbre lui rendit un peu de lucidité. Un faible appel la fit se ressaisir. S'efforçant de se composer un masque d'insouciance, elle alla vers le lit.

Pâle, les traits tirés, le visage amaigri, Léon regardait s'avancer cette femme qu'il aimait et qu'il allait bientôt abandonner. Cette pensée lui arracha un gémissement, sur lequel Blanche se méprit.

« Tu souffres, mon ami ?

— Seulement de devoir te quitter, fit-il en prenant la main qui se tendait.

— Tais-toi, ce n'est pas vrai, tu vas guérir.

— Ma pauvre Blanche, tu n'as jamais su mentir. Ne commence pas aujourd'hui. La mort n'est rien... »

Une quinte de toux l'interrompit. Il reprit, s'arrêtant chaque fois que l'oppression était trop forte.

« ... je sens que je te retrouverai un jour... il faut bien qu'il existe, ce paradis dont parle l'Eglise... Allons, ma bonne, ne pleure pas... cela me fait mal... J'aurais tellement voulu ne jamais te quitter... J'ai tant aimé être ton époux, grâce à toi ma vie a été belle... Tu m'as donné de beaux enfants... si, si... même la petite Mamy... surtout la petite Mamy...

— Arrête, ne parle pas, cela te fait mal.

— Pas une seule fois tu ne m'as fait de la peine... et puis, tu es si belle... Tiens, cela te fait sourire... Parfaitement, tu es belle... même que j'ai été jaloux parfois des regards que les hommes te jetaient... J'avais si peur de te perdre... je t'aimais tant... je t'aime tant... et je dois te quitter... »

Les yeux de Léon se fermèrent. De souffrance ? De fatigue ?

« Pardonne-moi de te laisser seule avec de jeunes enfants à élever.

— Tais-toi, tu ne vas pas mourir ! »

Léon mourut le 3 janvier 1932.

La veille de sa mort, il fit venir ses enfants un à un, leur recommandant leur mère, et demanda à voir un prêtre. Il reçut les derniers sacrements au milieu de tous. Son ultime pensée fut pour Mamy, l'enfant trop tard venue :

« Obéis bien à ta maman, ma chérie.

— Oui, papa », répondit-elle sans comprendre.

Malgré la neige, toute la ville avait tenu à témoigner son respect et son attachement à cet homme affable et bon, dont le seul défaut était un caractère emporté. Le corbillard disparaissait sous les couronnes et les gerbes de fleurs. Beaucoup de gens pleuraient.

Devant le désarroi de sa mère, Jean proposa d'abandonner son usine et de reprendre le magasin. Blanche n'eut pas à refuser ce sacrifice. Les propriétaires de l'entreprise lui firent savoir qu'ils avaient engagé un nouveau gérant et qu'elle devait quitter rapidement l'appartement qu'elle occupait. Toute à sa douleur, Blanche ne voulut pas s'abaisser à demander un sursis à des personnes si peu reconnaissantes du travail acharné de son époux durant tant d'années. Avec l'aide de ses enfants et d'amis, elle déménagea et s'installa dans un petit deux-pièces de la Grand'Rue. Là, elle fit ses comptes : rien, elle n'avait rien. La maladie de Léon, l'enterrement, les vêtements de deuil, le loyer du modeste appartement avaient absorbé les maigres économies de quarante ans de labeur. Il lui fallait trouver un emploi pour subvenir à ses besoins et à ceux de la petite Mamy.

Dédette fut engagée comme dactylo au greffe du tribunal, et Dédé, qui voulait être pâtissier, entra comme apprenti chez monsieur C.

Une châtelaine des environs, prévenue par le maire, proposa à Blanche de l'emmener à Paris comme dame de compagnie. Blanche accepta et partit, laissant Mamy aux soins de Dédette et de Titine.

Dans le compartiment de troisième classe qui l'em-

menait vers l'inconnu, Blanche ferma les yeux : les cloches sonnaient, une jeune femme vêtue de blanc s'accrochait au bras de son mari, la foule criait :

« Vive les mariés! Vive les mariés! »

Les deux autres occupants du compartiment regardèrent avec une pitié mêlée d'étonnement cette mince
femme en grand deuil qui souriait sous son voile, tandis qu'une larme glissait sur sa joue et qu'elle murmurait avec ferveur :

« Merci, mon Dieu! »

Montmorillon, avril 1980
Paris, 1er octobre 1981

DU MÊME AUTEUR

O M'A DIT, *entretiens avec l'auteur d'*HISTOIRE D'O,
Jean-Jacques Pauvert.

BLANCHE ET LUCIE, *roman*, Fayard.

LE CAHIER VOLÉ, *roman*, Fayard.

CONTES PERVERS, *nouvelles*, Fayard.

LES ENFANTS DE BLANCHE, *roman*, Fayard.

LOLA ET QUELQUES AUTRES, *nouvelles*, Jean Goujon.

LES CENT PLUS BEAUX CRIS DE FEMMES, Cherche-Midi.

LA RÉVOLTE DES NONNES, POITIERS 589,
roman historique, La Table Ronde.

LÉA AU PAYS DES DRAGONS, *contes et dessins pour enfants*,
Garnier-Pauvert.

LA BICYCLETTE BLEUE, *roman*, Ramsay.

En préparation :

JOURNAL D'UN ÉDITEUR.

L'ANNEAU D'ATTILA, *suite de* LA RÉVOLTE DES NONNES.

LA BICYCLETTE BLEUE, *deuxième partie*.

Composition réalisée en ordinateur par IOTA

IMPRIMÉ EN FRANCE PAR BRODARD ET TAUPIN
Usine de La Flèche (Sarthe).
LIBRAIRIE GÉNÉRALE FRANÇAISE - 6, rue Pierre-Sarrazin - 75006 Paris.
ISBN : 2 - 253 - 03279 - 4   ✿ 30/5835/1